U0011897

我們誤解了自己

濟群法師
周國平
著

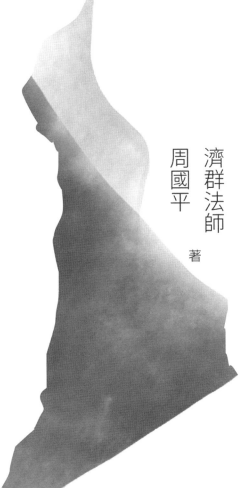

目錄

序一／濟群法師 10

序二／周國平 15

1 人工智慧時代，人類何去何從 21

人工智慧對人類的威脅 22

如何認識自己 30

生命的價值在哪裡 35

佛教否定現實幸福嗎 41

如何靜心 43

人性和佛性 50

利人和利己 54

從同情心到慈悲心 56

認識人心、人性的意義 59
現場問答 65
空，是否一切皆虛幻 65
要不要追求眞相 67
學佛是投資人生 69
自我與無我 70
如果工作被人工智慧取代 72

2 佛教人本思想與西方人本思想 75

人本思想的發展脈絡 80
佛教出現的背景 81
人間勝過天堂 87
從神本到人本 92
共存還是取代 97
最高本質來自哪裡 101
理性思考和修行體證 105

神本和人本能否統一 110
兩種人本思想之定位 114

人是什麼 117
人的不同屬性 119
人生的超越 125
終極的歸宿 129

個性解放和個人解脫 131
個性解放的思想基礎 131
自由的社會保障 135
爲什麼要解脫 138
人的差異和共性 143

3

人與自我 149

人生三大問題 150
個人主義導致的問題 152

物質文明發展應該遵循的「度」 155
什麼能代表「我」 158
自我的價值 162
個性、多樣性和獨特性 167
發展個性的利弊 169
理性和宇宙之理 173
存在還是本質 176
現象的背後是什麼 180
妄心和假我 184
自我的世俗價值 188
否定之後的肯定 192
自我的獨立和自由 196

4 我們靠什麼來認識世界 203

理性的作用和局限 204
「認識」決定了「所認識」 208

現量和比量 211
跳出念頭，超越理性 216
智慧的「體」和「用」 219
理性、情感和意志 221
幸福和覺醒 225
認識方式的局限 228
理在心中 233
是二元還是一體 235

5 佛學、哲學與人生 241

教育不是培訓工具 244
佛法和哲學的共通性 250
佛菩薩如何保佑眾生 254
因果的不同解讀 257
自我與無我 262
空，還是有 267

如何安心 272
極樂世界在哪裡 275
現場問答 278

6 相遇在這個時代 289

書名的由來 290
我們能認識世界嗎 292
是直覺還是錯覺 295
相識，相知，相見歡 297
如切如磋，彼此增上 300
個性解放和自我解脫 303
發現問題才能解決問題 309
現場問答 313

濟群法師著作系列 320

静心

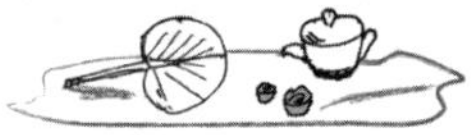

序一

濟群法師

這本書收集的文章，是我和周老師繼《我們誤解了這個世界》之後對話內容的編輯，話題主要聚焦於對自我的認識。因爲我覺得對自我認識的缺失，是人類世界一切問題的根源所在。而認識自己，造就美好的自己，正是生命的最大意義。

西方哲學早在古希臘時期就提出——認識你自己。但什麼能代表自己呢？二千多年來，西方哲學家們對這個問題有哪些看法？東方智慧重視立心立命，明心見性。不論是儒家的修身、齊家、治國、平天下，還是佛教的心淨則國土淨，都離不開對自己的認識、對心性的探討。本書〈人與自我〉一文，緣起於二〇一六年八月應邀參加「馬雲鄉村教師集訓營」，主辦方希望我能環扣「人與自我」的主題舉辦講座。在整理思路時，我想起周老師，希望有機會瞭解西方哲學對自我的認識。當年十二月，我們在上海有了這次對話。希望透過這次對話，能提供大眾一個認識自我更廣泛的視角。

〈佛教人本思想與西方人本思想〉屬於全新的話題。我們知道，西方人本主義思潮的出現，是爲了反對中世紀的神權統治，由此帶來了文藝復興、科技繁榮和物質昌盛，並主導了現代社會。但很少有人瞭解，早在二千五百多年前，佛教正是誕生於反神本的思潮。佛教提出人身難得，認爲佛是由人修行成就，人的身分比天人更尊貴，這些思想在盛行神本的世界各宗教中獨樹一幟。如此重要的思想背景，人們卻知之甚少。那麼，佛教的人本思想和西方的人本思想有什麼異同？我和周老師談及這一點，他很感興趣，我也希望瞭解個中究竟。本著這樣的好奇，我們於二〇一七年在北京安排了這次對話。

談到對自己的認識，同樣離不開對世界的認識。我們有能力認識世界眞相嗎？這是哲學領域的重要問題，也是每個人應該關心的。西方崇尙理性，但理性是透過思惟來認識世界，思惟又是建立在有限經驗的基礎上，而有限不能認識無限，所以康德看到了理性的局限性。佛教既重視理性，更重視純淨的直覺。在信解行證的修學常道中，不僅有屬於理性的聞思部分，還有超越理性的止觀實踐。唯有證悟心的本質，人類才有能力認識自己，遍知一切，因爲心的本質就是世界的本質。〈我們靠什麼來認識世界〉一文，是我們應《彭湃新聞》邀請，在上海大寧劇院舉辦的對話，當時因考慮現場觀眾等因素，交流並不深入。此後我又與周老師相約，分別在上海、北京進一步探討，較全面地表達了對這個話題的思考。

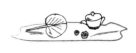

人工智慧出現已久，但近年來發展迅速，逐步走入大眾視野。尤其是阿爾法狗（AlphaGo）一舉戰勝眾多圍棋大師後，舉世矚目。人工智慧可否替代人類，或是帶給人類滅頂之災？人們在驚歎之下，更多了擔憂。二〇一八年二月雁蕩山眞際寺舉辦奠基典禮，我希望讓這個活動富有時代意義，就邀請周老師前來交流。其時，人工智慧正是社會熱門話題。這是科技文明的產物，由此帶來的擔憂，其實是人們對科技發展是否失控的焦慮。當科技日新月異，世界卻變得更危脆，更不確定，人類的出路在哪裡？在這次對話中，我們闡述了不同的思考。

人生有現實問題，也有終極問題。處理不好現實問題，固然會帶來煩惱；但缺少對終極問題的關注和思考，生命會變得短視而膚淺。二〇一六年七月，上海玉佛寺舉辦「覺群人生講壇」，邀請我和周老師進行一場對話。主辦方蒐集了大眾在信仰及現實人生中的問題，我和周老師分別從哲學和佛學的角度，對這些問題發表了看法。

相對於《我們誤解了這個世界》，本書保留了更多對話的臨場感。我過去雖然簡單流覽過西方哲學史，但只有粗淺的認識，在探討人類共同關心的問題時，我當然相信佛法的智慧，但也希望瞭解西方哲學家的觀點，相信不同的立足點可以彼此激發。周老師是這方面的大家，在多次對話中，使我加深了對西方哲學的認識，受益匪淺。

本書取名《我們誤解了自己》，一是顯示它和《我們誤解了這個世界》的

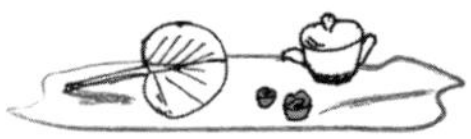

淵源，一是因爲這個書名和內容切合。全書聚焦於自我，從各個層面關注人的問題：〈人與自我〉探討自我是什麼，〈佛教人本思想與西方人本思想〉探討人本思想，〈我們靠什麼來認識世界〉探討認識與世界的關係，〈人工智慧時代，人類何去何從〉關注人類出路。這些對話還有完整的影片資料，有興趣的讀者可以在網路上觀看，直接感受現場氛圍。

希望這些對話，以及我們仰賴的東西方哲人的智慧，可以使大家停下來想一想——我是誰？天生我材必有用，而根本之大用，就是認識自己，自覺覺他！

二〇二一年春寫於甘露別院

序二

周國平

我和濟群法師的對話結集成書，這是第二本。第一本題爲《我們誤解了這個世界》，這一本題爲《我們誤解了自己》，分別是對世界的認識和對自我的認識。當然，這只是相對的區分，在實際對話時，話題是發散的，內容是交叉的，且這兩個主題之間有著密切的聯繫，不可能截然分開。不過，在法師的主導下，我們的後續對話確實更側重於自我的問題。

自我之爲一個問題，豈不大哉？我們每一個人活在世上，都是一個「我」。「我」是生命的載體，是「我」出生、生存、死亡；「我」是情感的主體，是「我」在愛、恨、快樂和痛苦；「我」是認識的主體，是「我」在感覺和思考。對於任何一個生命個體來說，「我」是與之相關的一切之前提，沒有這個「我」，一切都無從談起。可是，究竟什麼是「我」，一旦追問下去，幾

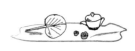

乎沒有人不感到茫然。

這個令人困惑的問題，也正是哲學關注的。在對話中，我主要從西方哲學的角度，法師主要從佛教哲學的角度，對這個問題進行了討論。

在西方哲學中，對自我問題的探討可以分爲三個層面：

一是認識論層面。西方哲學在古希臘主要關注本體論，到了近代才開始聚焦於認識論，英國哲學家洛克是把自我當作一種認識現象來分析的第一人。身爲一個經驗論者，他從反省入手，在自己內心體會「我」是一個怎樣的概念。他的結論是，自我是人格的同一性，而維持這種同一性的關鍵在於意識。人在感覺、思考、生活時伴隨著意識，人的感覺、思考、生活在變化，人自己也在變化，但意識具有延續性。正是憑藉意識的延續性，人才能夠在回憶時把過去的經歷認作自己的經歷，把那個在歲月中不斷變化的自己認作同一個「我」。

二是本體論層面。洛克只把自我看作一種認識現象，至於它是否寄寓在一個實體，比如說靈魂裡面，他認爲是無法知道的，因此探究這種問題沒有意義。英國經驗論者都拒斥本體論，否定任何實體概念。西方哲學的另一個傳統，從柏拉圖到近代的理性主義者，則喜歡在本體論層面談論自我，認爲自我的本質是靈魂，而靈魂是一個實體，並且把靈魂的來源追溯到某種最高實體，比如理念世界或上帝。

三是價值論層面。肇始於文藝復興的西方近代人文主義思潮張揚人的個性，強調每個人都是一個獨特的自我，都應該在世俗生活中實現其價值。到了尼采和存在主義哲學，這種強調達到巔峰。尼采提出「成爲你自己」的口號，警示人們不要爲社會所認定的角色而活，虛度了只有一次的生命。存在主義哲學家猛烈批判人在社會中的異化現象，宣導透過某種深刻的內心體驗回歸眞實的自我。

佛教哲學怎樣看自我？與上述西方哲學的觀點進行比較，我們會發現，二者有少許相似之處，更有根本的不同。

在價值論層面上，佛教同樣也反對把虛假的自我認作眞實的本性。因爲無明，人心會產生種種迷惑，進而形成錯誤的自我觀念。比如說，在貪的支配下，會把錢財、權力、名聲等身外之物認作自我；在瞋的支配下，會把憤怒、怨恨、嫉妒、傲慢、自卑等各種負面情緒認作自我；在癡的支配下，會把所執著的錯誤觀念認作自我。不過這裡要特別注意的是，近現代西方人是立足於個性的價值批判「虛假的自我」的，佛學當然是堅決反對這種西方式的個人主義。

這就要說到本體論層面了。按照我的理解，在本體論層面上，佛教對自我的解說有兩個關鍵字，一是佛性，二是無我。佛性，又叫清淨心，是心的本體，或者說，是心的本來面目。人人都有清淨心，但是被迷惑心遮蔽了，而虛假的自我觀念，實際上就是把迷惑心認作了心的本體。所以，要透過修行去除遮蔽，還心的本體以本來面目。那麼，這個心的本體究竟是什麼呢？佛教主張無我，因此，這個心的本體不是實體。無我，又叫無自性、性空，就是一切現象都是緣起，沒有自身不變的本質。世界上沒有一個叫作上帝的不變本質，每個人也沒有一個叫作靈魂的不變本質。佛教與西方哲學的柏拉圖傳統以及基督教的最根本不同，就在於此。我們人人如此看重的這個「我」，也只是緣起的現象。當一個人去除了一切緣起的現象對心的遮蔽，包括破除了對「我」的執著，這時候的心就像一面鏡子，映照出了萬物皆空的景象，這時候的心，就是心的本體。所以，所謂心的本體，就是對性空的徹悟，就是性空在人心中的映照。所以，這個心的本體常常被描述爲是如如不動的，是一種虛空的狀態，是圓滿而自足的。

「我」只是緣起的現象，並無不變的本質，人爲何會如此執著於這個「我」呢？在佛教中，唯識宗在認識論層面上對此有詳盡而深刻的剖析，簡言之，根源在於末那識執阿賴耶識爲「我」，這種執著來自根本無明，是在潛意識領域中發生的事情。唯識宗的理論博大精深，我本人始終是似懂非懂，不敢妄談，有興趣的讀者可以去看法師在兩本書裡的有關論述。

本書付梓之時，法師囑我寫序，我趁這機會對西方哲學和佛教哲學關於自我問題的觀點略作梳理，以此與讀者諸君交流，也進一步向法師請教。

二〇二一年三月十日

1

人工智慧時代，人類何去何從

—— 2018 年 2 月 4 日，雁蕩山眞際寺。

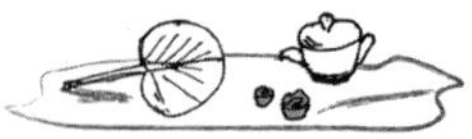

人工智慧時代正以不可阻擋之勢席捲而至。科技日新月異，生活豐富便利，人們卻依然憂思難安。在這物質發達而內心迷茫的時代，人類將何去何從？二〇一八年二月四日，濟群法師和著名哲學家周國平教授，繼《我們誤解了這個世界》的對話後，就「人工智慧時代」這一熱門話題，分別從佛法和哲學的視角，探討人類在當代的出路。

人工智慧對人類的威脅

主持人（以下簡稱主）：人工智慧時代，人類何去何從？對於這個話題，有人歡欣鼓舞，也有人憂心忡忡，擔心人類被自己研發的人工智慧滅了，所以我們特別希望聽到兩位智者的看法。首先想問，人工智慧對人類最大的威脅是什麼？

周國平（以下簡稱周）：今天這個題目是濟群法師提出的，我聽到時首先一愣：這是科技啊！然後精神一振，覺得法師特別地敏銳。人工智慧是現在比較先端的話題，也是一個熱門的話題。法師能與時俱進，抓住熱點，同時又連結了哲學、佛學所探討的問題——既先端，又永恆。

說實話，在人工智慧的問題上，我確實是外行，相信法師在一定程度上也是外行，但這個問題眞的需要外行來關注。關於人工智慧對人類的主要威脅，我覺得可能引發了兩個問題。

一個問題是，人工智慧會不會超越人類，乃至取代人類？這是很多人關注的。我想，人工智慧說到底仍是個技術，是人類為自己製造的非常好用的工具。從這一點來說，我相信工具永遠超不過人類，也無法取代人類，不能因爲這個工具特別強大，就說它比人類高明。就像人類發明了汽車，跑起來比人快得多，你能說汽車比人強嗎？人類發明了飛機，必須靠飛機才能上天，你能說飛機比人強嗎？其實不能。因爲這些都是人製造的，人工智慧也一樣。

當然有一點不同，因爲它是智慧的。我的理解是，人工智慧可能是對大腦神經網路的類比，其主要優勢在於計算能力，處理大數據非常快，這是人類完全不能相比的。一個最突出的例子，谷歌開發的阿爾法狗（AlphaGo）開始和李世石下圍棋時，以三比一贏了對方，已經很讓人震驚了。然後它所向披靡，所有棋手都下不過它。現在更厲害，乾脆宣布不和人類下棋，因爲是沒意義的事。這就充分展現了它處理資料的能力和優勢。李世石說，他下棋時會考慮二三十步，但阿爾法狗下一步棋的時候，考慮了幾千步。這一步下面有多少可能性，它全都考慮到了，這種速度是人類永遠趕不上的。

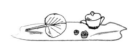

但我想強調的是，它僅僅在處理大數據的領域中可以領先，而人類的很多領域不是這種情況。在精神生活方面，人工智慧有天生的缺陷，永遠不可能和人類相比。阿爾法狗棋下得再厲害，能享受棋手的情感嗎？比如我的好友芮迺偉下棋時那種內心的愉悅、沉思的快樂，它不可能享受到。我不相信有一天人工智慧會有情感，最多只能模擬情感的外在表現，不可能有

眞實的情感。

再進一步說，在哲學、藝術、宗教等精神領域，我想人工智慧頂多做些資料處理的工作，不可能有創造性。我不相信會有一天，某個超級機器人成了柏拉圖那樣的哲學家；或成了愛因斯坦那樣的大科學家，提出一種新的理論；或像佛陀那樣，創立一種宗教。在最高的精神領域，人工智慧不可能和人類相比，也永遠不可能取而代之。所以從人類生活來說，最重要的一塊是不能被取代的。

另一個問題是，人工智慧會不會禍

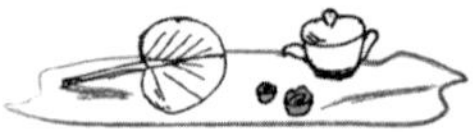

害人類，乃至毀滅人類？這也是有些人憂慮的。我覺得可能是科幻片看多了，想像力太豐富。從目前的情況看，人工智慧的開發方向很明確，一定要有市場，能夠應用。比如無人駕駛的汽車、能做家務的機器人，這些是它的重點。但也有些很聰明的人，比如霍金（Stephen Hawking，英國理論物理學家、宇宙學家及作家）就覺得人工智慧自我更新的能力太強，而人類進化非常緩慢，所以他很憂慮。

我覺得這不太可能。現在人工智慧的威脅主要有兩點：一是它自我更新的失控，這有可能，但失控到什麼程度？我不相信會到無法解決的程度。二是人工智慧會不會毀滅人類？其實眞正讓人擔憂的情況是，一旦恐怖分子掌握人工智慧，並發明毀滅性的武器，結果會很糟糕。這種危險是存在的。

總之，一方面不要太憂慮，另一方面也要加以警惕，制定一系列防備措施。包括在法律上，規定人工智慧的發展界限。就像我們現在對基因工程規定了界限，你可以複製羊、複製動物，但不能複製人。

主：我們聽到了周老師的看法，在精神領域，人工智慧難以超越人類，也無法取代，他對這點比較樂觀。法師對這個問題怎麼看？

濟群法師（以下簡稱濟）：我之所以提出這個問題，是因爲人工智慧已成爲整個社會的關注焦點。包括這次達沃斯論壇（Davos Forum，世界經濟論壇在達沃斯舉行的年會），人工智慧也是其中的重要議題。人工智慧的出現，確實讓不少人感到恐慌。據有關人士預測，目前社會上的很多工作，在未來幾年會被人工智慧取代。包括阿爾法狗的出現，它的學習能力之強，也是人類望塵莫及的。所以霍金認爲：人工智慧的崛起，若不是人類歷史上最好的事，就是最糟的……也有可能是人類文明史的終結，除非我們學會如何避免危險。

正如周老師所言，把人工智慧當作一種工具，可以用來造福人類，也可以用來毀滅人類，關鍵是誰在使用它，用它來做什麼。當今世界有很多不安定因素，一方面是因爲恐怖分子和核武器的威脅；一方面是因爲人類自身的問題層出不窮。現在人類的聰明才智都投入在發展經濟和科技上，包括研發人工智慧，但對自身的認識和改善，基本上處於停滯甚至倒退中。因爲外界誘惑重重，使人身不由己地被裹挾其中，根本沒有精力反觀自照。如果人工智慧日益先進，而人類缺少健康的人格和心態去使用它，就會使世界更加危險。因爲隨著工具的強大，反而會增強人的破壞力。

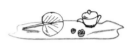

人工智慧代表西方工業文明、科學技術的進步。面對它的飛速發展，人類特別需要認識自己，提升自己。否則，未來會在社會處於什麼地位，世界又會出現哪些問題，我們是沒把握的。關於人對於自身的改善，正是東方文化的重點所在——儒家提倡修身齊家，成聖成賢；佛教引導我們成就解脫，成佛作祖，都是立足於心性修養，立足於生命自身的完善。

另一方面，人工智慧的學習能力超級強大。從掌握知識來說，人類須經過幾十、甚至幾百、幾千年的積累，而人工智慧在短時間內就可超越。那麼，人類的獨特性到底在哪裡？這也是我們需要關心的。周老師講到，人工智慧或許會模擬人的情感表達，但不會有情感。比如人工智慧可以模擬慈善行爲，但它能不能有慈悲大愛？在這些方面，人工智慧和人類是有本質上的差別。所以我們要去發現人類的獨有價值——哪些是人工智慧無法取代，甚至無法學習的。

從佛法修行來說，是要開發生命內在的覺性，這不是靠學習得來的，而是眾生本自具足的寶藏。所以說，人對於改善自身，不僅在於增進知識和提升能力，更重要的是證悟覺性。這種唯有生命才具備的無限潛能，正是人類和人工智慧的根本區別。因爲人工智慧的學習和自我更新只能在有限的範疇內，即使掌握再多的知識，也是有限的積累。

在今天這個時代，人需要不斷認識自己，開發心的無限潛能，才能在世界立於不敗之地。否則的話，隨著科技的飛速發展，我們又沒有健全的人格去處理它帶來的潛在危險，世界的問題將越來越多，人類的處境將危機四

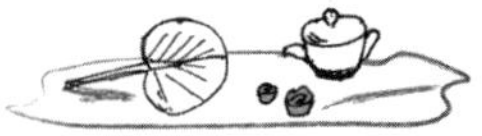

伏。

主：正如法師所說，科技越來越發達，人心卻越來越混亂。兩位智者為我們指引了何去何從的方向：無須對人工智慧時代過於擔心，因為人類具備獨特的優勢，我們有情感，有精神領域可以開拓，重點是把這部分的潛能，尤其是覺性開發出來。

如何認識自己

主：科技主要是向外探索，而哲學和佛學都是向內挖掘的智慧。說到向內，遇到的第一個問題就是「認識自己」，這對西方哲學和東方佛教都是非常重要的。請問周老師，西方哲學提出「認識你自己」已有幾千年，在此期間，做了哪些嘗試和努力？

周：西方哲學強調「認識你自己」有兩個階段。第一是在古希臘時期，供奉太陽神的雅典德爾菲神廟中刻有一句箴言，就是「認識你自己」（希臘文：

γνῶθι σεαυτόν，英文：know thyself）。這句話出自阿波羅之口，而他正是雅典城邦最重要的神。這句話的涵義，其實是強調人要知道自己的局限性，不要驕傲，不要狂妄。

關於此，有個著名的故事。曾經有人到德爾菲神廟問神：雅典最有智慧的人是誰？神回答：是蘇格拉底。蘇格拉底是古希臘很重要的哲學家，他聽說後感到奇怪：我其實挺笨的，怎麼說我是最有智慧的人呢？因爲不相信，他就到雅典找那些以智慧著稱的政治家、藝術家、詩人、工匠，問了他們很多問題，想證明這些人比自己聰明。結果他發現：這些人僅僅知道自己從事的那些事，就自以爲很聰明，自以爲什麼都知道；而他知道自己很無知，好多事都不知道，尤其對最重要的「人應該怎麼活？」還沒想明白。蘇格拉底由此總結道：神說我最有智慧，是因爲我知道人的局限性，知道自己一無所知。

第二是近代以來，西方哲學家也說「認識你自己，實現你自己」，主要在於兩個層面。一方面，每個人要知道自己的獨特之處是什麼，比如尼采說：你要知道自己在這個世界是獨一無二的，生命只有一次，所以要珍惜生命，不要成爲大眾的符號，跟隨大家而活，而要實現自己獨特的價值。他強調的是這一點，和古希臘哲學的內涵不同。

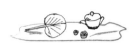

另一方面，如果眞正挖掘自己，會發現還有一個更高的自我——這樣就能站在宇宙的立場看人生，讓人生具有終極意義。很多哲學家認爲，人有一個自我，那是小我；此外還有大我，如柏拉圖說的理念世界，基督教說的上帝。尼采不相信上帝，但認爲人生應該有更高的意義。這個大我會派駐代表在小我中，人要去發現這個代表。用孟子的話說，是盡心、知性、知天。他說的心就是精神世界，其中有個東西叫性，是和宇宙相通的覺悟，也是大我派駐在自己身上的代表。你要找到它，聽它的教導，就和宇宙大我打通了。這個觀點，我想哲學和宗教有共通之處。

主：非常精彩！大我派了代表到小我這裡，而佛法講的是無我，這有很大差別嗎？剛才說要認識無限性，怎麼在古希臘哲學中是認識人的有限性？請問法師，宗教和哲學在看待自我的角度上，有很多不同嗎？

濟：剛才周老師講到大我和小我，我聯想到《奧義書》，這是印度宗教和哲學的源頭。其中說到宇宙是大我，個體生命是小我，人因爲迷失自我而輪迴，所以生命的價值就是由小我回歸大我。這種宇宙和自身的融合，使生命達到圓滿，即梵我一如。但佛法反對這種觀點，提出無我的思想，這也是佛教有別於其他宗教的根本。

西方文藝復興後出現人文主義思潮，關注個性解放，關注個人價值的實現，這就使自我得到極大的張揚。那麼，究竟什麼代表「我」的存在？身分能代表嗎？你今天有這個身分，明天可能沒這個身分。相貌、想法、情緒能代表嗎？相貌會衰老，想法和情緒更是變化不定的。此外，還有地位、財富、名譽等。佛陀對此進行全面審視後發現，我們認定的所謂自我，比如以身分爲我，以相貌爲我，以想法爲我，以情緒爲我，以名字爲

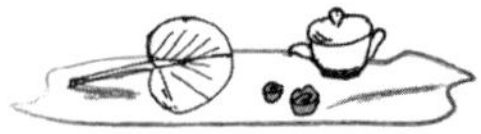

我……所有這些和我們只有暫時而非永恆的關係。既然是暫時的，就不能代表自我本質性的存在。

佛法還告訴我們，把這種暫時的關係當作永恆，是人生一切痛苦的根源。執著身體爲我，就會害怕死亡；執著相貌爲我，就會擔心衰老；執著想法爲我，就會和世界產生衝突；執著情緒爲我，就容易陷入情緒，爲其所控，成爲情緒的奴隸。

佛法所說的無我，並不是說這個生命現象不存在，而是要導正附加於自我的錯誤認定。《楞嚴經》有七處徵心，讓我們尋找：心到底在哪裡？在內還是在外？有沒有形相？在審視過程中會發現：我們所以爲的「我」，從外在色身到內在想法，所有這一切都是暫時的假相，並沒有固定不變的本質。

當我們徹底擺脫對自我的錯誤認定，才會看到心的本來面目：像虛空一樣，無形無相、無念無住、無邊無際。它一無所有，又含藏一切，能生萬物。禪宗所說的明心見性，就是讓我們找到這個本自具足的覺性，由此才能眞正認識自己，而不是被種種假象所轉。

生命的價值在哪裡

周：關於生命的價值，我覺得有兩個層面。一個層面是，我知道生命是緣起的，無自性的，沒有實質內容的。儘管如此，個體生命的價值在哪裡？西方哲學非常強調這一點，認爲每個生命都是獨一無二的——世上只有一個你，你只有一次人生，不可重複，所以要珍惜人生，把它的價值實現出來。

當然，我們要對自我有個正確認定，身分、外貌、財產這些都不是我，只是對自我低層次的誤解。把這些破除後，我們承不承認緣起的自我和生命？要不要去實現它獨特的價值？

更高的層面是，我們不能停留於實現自我價值。我認爲宗教和哲學雖有不

同的表達，但基本思路是一致的，就是人不能局限於緣起的自我，要有更廣闊的世界。不管把它叫作眞如也好，空性也好，天國也好，大梵也好，理性世界也好……不論有多少稱呼，一定是超越個體的更高的世界，你最終是屬於那個世界的。人要和更高的世界溝通，要回歸那裡。

這兩個層面，我覺得都是需要的。那麼，緣起的自我有沒有價值？價值在哪裡？我想知道這一點。

濟：從西方哲學的視角，認爲生命對每個人來說只有一次，格外珍貴。而佛教認爲，生命不僅有現在，還有無窮的過去和無盡的未來，今生只是生命長河的一個片段。所以人生並不是獨一無二的，也不只是關注這一生，更要關注生命的輪迴。

剛才周老師問：緣起生命的價值在哪裡？佛法認爲，緣起生命的本身是虛幻的，但虛幻並不是沒有。就像我們現在這個人身，不僅存在，而且非常寶貴，難得易失。怎麼才能好好運用它？從佛法角度說，其價值就在於走

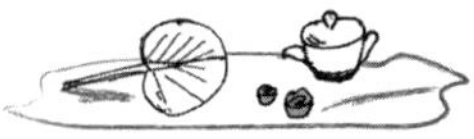

向覺醒。因爲在六道中，只有人的身分才有理性，才能審視生命眞相，並透過修行開啓內在覺性。

我們的生命現狀是無明的，不知道我是誰；不知道生從何來，死往何去；也不知道生命的意義是什麼，世界的眞相是什麼。因爲沒有智慧，我們對自己和世界充滿誤解，進而製造種種煩惱；然後帶著這些煩惱看自我，看世界，製造更多的煩惱。生命就在這樣的迷惑、煩惱中不斷輪迴。

學佛就是讓我們去認識：這種生命的本質是痛苦的——你想不想改變，想不想擺脫？改變之後又是什麼？佛法告訴我們，在迷惑的背後還有覺醒的生命，這個生命和天地萬物相通，和整個宇宙相通。認識到有限背後的無限，才能實現生命的最高價值；而改變的唯一途徑，是依託現有人身，所以這個緣起的生命意義重大，我們要好好運用它。

周：緣起生命的意義和價值，我想包括兩方面。首先是入世的方面，應該有自己眞正的事業。現在的問題是，很多人沒有自己的事業，這是很痛苦的。

他的煩惱不僅在於不覺悟，還在於不知道該做什麼。當然這也是不覺悟的表現，只是追隨社會的價值觀，追逐物欲，和人攀比，沒有眞正找到自己的興趣和能力。他很少問自己這樣的事，無法認識到做爲一個獨特生命的價值在哪裡，就只看社會上什麼樣的事風光，什麼樣的事能帶來更多利益，就去做什麼，這是很大的問題。我覺得，對個人價值的認定不能缺少，應該認識到：我在世上只能活一輩子，一定要找到一件事，發展出自己最好的能力，不僅自己快樂，也能造福人類。

其次，光有這個還不行，哪怕你做出再大的事業，哪怕是最心愛的事業，你覺得個人價值已經得到實現，也不算什麼，也是很渺小的。如果看破這一點，就能更上一層樓，獲得更高的覺悟。這兩點都需要，沒有第一點的話，人生還是有點空。

濟：從佛法角度來說，生命價值有兩個層面，一是現實價值，一是終極價值。現實價值就是過好當下的日子，比如身體健康、心智健全、家庭幸福、兒

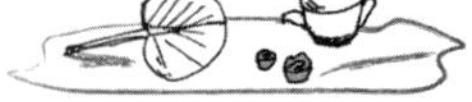

女孝順，同時能造福社會，讓更多人因爲你的存在得到幸福。佛教中的人天善法，就是告訴我們如何使身心安樂、人生美滿，這需要智慧和道德，否則是做不到的。世上很多人也在追求幸福，但在追求過程中往往製造了很多痛苦，甚至給他人造成傷害。

佛法所說的因緣、因果，就是讓我們瞭解生命的延續到底遵循什麼規律。我們今天能成爲這樣的人，我們的興趣、愛好、性格等，是和過去的觀念、行爲、習慣有關，也就是說，所有結果都有它的前因。瞭解這一規律後，我們才知道，想要獲得幸福，想要成爲更好的自己，應該做些什麼。這種現實價值也是每個人需要的。

但僅僅停留在現實價值，不關注終極價值，終究是無法安心。不少人事業做得很大，功成名就，有一天突然想到：人爲什麼活著？這些事和我的生命有什麼關係？會覺得很茫然。因爲每個人都要面臨死亡，不論現在地位多高、財產多少，還是兒孫滿堂，臨命終時，這些都和你沒關係了。這時你到哪裡去？生命的未來是什麼？所以人必須關注終極價值，才能對現實保持超然，而不是把畢生精力消耗於此，忘卻眞正的人生大事。如果沒有這樣的定位，我們很可能會把現實價值當作一切，甚至爲了利益最大化不擇手段。這不僅是對人身的最大浪費，還會貽患無窮。所以說，終極價值和現實價值的統一，對個體乃至社會都是非常重要的。

周：最好的情況是，得到現實價值以後，看破它，去追求終極價值。最糟糕的是，現實價值也沒得到，終極價值也不在眼中，這種人就會痛苦不堪。

佛教否定現實幸福嗎

主：剛才的對話中多次提到一個詞：幸福。對於一般人來說，不論追求現實價值還是終極價值，比較關注的是怎樣才能過得好。普通人印象中的幸福，就是基本物質需求有保障，同時精神上也比較豐富。剛才聽到輪迴是苦的時候，我在想，佛教是不是否定現實的幸福？

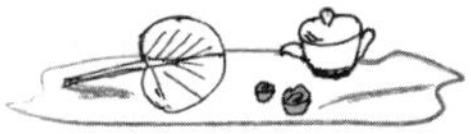

濟：每個人都嚮往幸福，追求幸福。但什麼是幸福？在物質匱乏的年代，我們往往以爲擁有就是幸福——沒錢的時候，有錢就是幸福；沒結婚的時候，結婚就是幸福；沒孩子的時候，有孩子就是幸福；沒房沒車的時候，有房有車就是幸福。我們以爲，得到自己想要的就是幸福。

隨著經濟的發展，很多人有了以前夢寐以求的生活條件，甚至有了幾輩子、幾十輩子都用不完的財富，卻還是不幸福。爲什麼會這樣？關鍵是沒有健康的心態。如果我們對幸福的追求建立在迷惑、煩惱之上，即便擁有再多，也無法得到幸福。反而會因爲過度關注物質，帶來攀比、競爭、壓力，以及焦慮、沒有安全感等負面情緒。

佛法告訴我們，心既是痛苦的源頭，也是快樂的源頭。當內心充滿煩惱，這些負面情緒會不斷在人生中製造問題、製造麻煩、製造傷害，會成爲製造痛苦的永動機。反之，當人生沒有迷惑、煩惱、壓力時，即使粗茶淡飯也能樂在其中，所謂「若無閒事掛心頭，便是人間好時節」。所以佛教更重視心靈健康，重視解脫之樂，而不是把擁有物質當作幸福之本。修行就是調心之道，只有解除迷惑、煩惱，擁有良好心態，才有能力感受幸福，收穫幸福。

主： 瞭解了，佛法不是否定幸福，而是否定我們對幸福的錯誤認知。剛才誤解了自我，現在誤解了幸福，總結起來就是《我們誤解了這個世界》。我們在生活中就能看到這種現象，物質越來越豐富，科技越來越發達，但沒有煩惱的幸福卻非常難得。

如何靜心

主： 剛才提到靜心，這是佛法提倡並擅長的。從哲學的角度，有沒有靜心、安心之類的說法？

周： 整個哲學就是讓人靜心，讓人站在更高的角度思考根本問題——宇宙的本質是什麼？人生的終極意義是什麼？我覺得，這種思考的最終結果是讓人

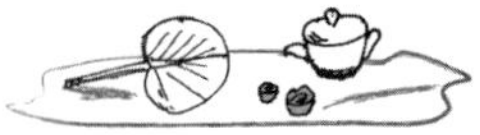

超脫一些，這點和佛學的目標一致。剛才濟群法師說，解除煩惱就是幸福，其實，很難從正面定義幸福。

幸福是哲學中一個很大的問題，在古希臘時期討論得尤其多，主要有兩種觀點。一派是伊比鳩魯的快樂主義，認爲幸福就是快樂。但他強調的快樂並不是物質和縱欲，而是身體健康，靈魂寧靜。另一派是完善主義，認爲幸福就是精神的完善，主要代表是蘇格拉底和柏拉圖。他們強調幸福就是美德，做有道德的人，就是幸福的。

中國古典哲學關注什麼是理想生活，也是討論這個問題。我覺得儒家比較接近完善主義，孔子的幸福觀歸納爲一句話，就是安貧樂道——物質生活可以簡單些，在精神上追求快樂。道家比較接近快樂主義，其幸福觀也可歸納爲一句話，就是全性保眞——保護好生命完整、眞實的狀態，不讓它被物質破壞了。這句話出自《淮南子》，是早期楊子的說法，我覺得可以代表他們的觀點。

可見，東西方哲學都是從價值觀來說幸福——讓自身最珍貴的東西保持良好狀態。這最珍貴的是什麼？完善主義強調精神，快樂主義強調生命。其實這兩派也不是那麼絕對，都強調生命要單純，不要複雜，否則就是痛苦的根源；同時強調精神應該豐富，要高貴、優秀而有信仰。我覺得兩者可以結合起來，讓精神和生命都有良好狀態，就是幸福。

老天給每個人一條命，一顆心，把這條命照看好，把這顆心安頓好，人生就是幸福的。人心爲什麼不靜？無非是煩惱和痛苦。煩惱和痛苦的根源有兩種，一半是自己製造的痛苦，因爲價值觀出了問題，沒找到人生眞正的意義，把並不重要的東西看得無比重要，追求不到時痛苦，追求到了仍然痛苦。另一半是人生必然會有的痛苦，不能正確看待生老病死、天災人禍，那些是自己無法支配的，如果爲此糾結，就感到痛苦。

所以，一是要有正確的價值觀，這是哲學討論的問題；二是對自己不能支配的命運，要以超脫的智慧對待。斯多葛派特別強調的一點是：對不能

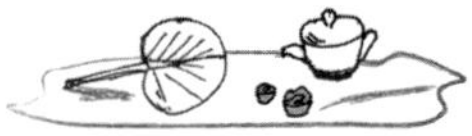

支配的東西，要做到不動心——既然你支配不了，何必爲它激動呢？沒必要。這也是哲學討論的問題。

主：超脫的智慧，原來哲學也講這個。《我們誤解了這個世界》中說到，命運有一些是可變的，有一些是不可變的，當時周老師就是持這樣的觀點。法師有補充嗎？

濟：靜心是值得關注的問題。尤其在今天這個浮躁的時代，外在的喧囂刺激，內心的情緒起伏，使每個人都很累。我們想要休息，可是心總在不停地動盪，使我們不得安寧。我常說，未來考量一個人能不能健康地活著，其中非常重要的標準，就是有沒有休息的能力。

在過去，生活環境單純，沒有那麼多娛樂，人們可以靜靜地曬曬太陽，看看月亮，有時間也有心情和自己在一起。但現代人因爲網路普及、資訊氾濫，時時刻刻被手機、電腦掌控著，幾乎停不下來，必須到身上的電全部耗完，才能把這些東西放下睡覺。充一晚上電之後，第二天又繼續忙碌，繼續消耗。

其實，身和心本身都有自我療癒的功能，休息就是啓動這種能力的重要途徑。身體需要透過休息恢復精力，心靈需要透過放鬆恢復安寧。如果沒有休息的能力，就意味著我們不會有健康的身心。如何讓這顆躁動不安的心平息下來？佛法告訴我們，有以下幾個方面。

首先是改變認識。周老師講到，西方哲學家告誡我們：不要去追求自己得不到的東西。其中包含什麼道理？就是以智慧審視人生，所謂「智慧不起煩惱」。所有的煩惱都和我們對世界的認識有關，生活中每天會發生很多事，這些事對我們產生多大影響，關鍵不在於事情本身，而在於我們怎麼看待。如果帶著強烈的我執、二元對立或負面情緒，那麼每件事都可能製造煩惱。反之，如果我們能以智慧透視眞相，任何事都不會帶來煩惱。在中國歷史上，王維、蘇東坡等文人士大夫，既是入世的儒家，也是虔誠的佛教徒。他們透過學習佛法，在做事的同時，看到世間名利的如夢如幻，

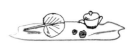

不管得意還是失意，都能超然物外。

其次是勤修戒定慧。戒是指導我們過健康、有節制的生活。現代人爲什麼靜不下來？就是因爲把生活搞得太複雜，索求無度，所以心也變得很亂。如果生活簡單而有規律，心就容易清淨。而定是安心之道，由此開啓智慧。佛法認爲心本身就有觀照力，《心經》的「觀自在菩薩，行深般若波羅蜜多時，照見五蘊皆空，度一切苦厄」，就是告訴我們，生命內在有觀照的智慧，透過禪修使這種智慧得以顯現，就有能力處理情緒，平息躁動，不被煩惱左右。

主：關於如何安心，從理論到實踐，法師講得非常清楚，而且和周老師所說有不少相通之處。比如讓生活盡量單純，在精神層面則以更高的智慧和正確的價值觀看待人生。學佛可以持戒、禪修，哲學有沒有關於靜心的具體作法？

周：這是哲學不如佛法的地方，光在理論上講智慧，但沒有戒和定這些引領人進入智慧狀態的方法。基督教有，但哲學沒有。當然從戒來說，如果生活簡樸就算戒的話，那我還有一點，但是定，一點都沒有。我認爲智慧不僅是理論，有些東西是融化在你的血液中，不是知識性的東西。

我在看哲學書和思考的時候，覺得它把我本有的東西喚醒了，讓我本來有的更強大，是這樣的關係。如果單靠接受一些知識，我覺得一點用處都沒有。你若問，哲學哪一塊對我的影響最深，我可能說不出來，但哲學給我的最大好處是很明確的，我覺得哲學好像給了我分身術，把自己分成兩個我。身體的我在這個世界活動，還有一個更高的我，說是理性、靈魂的我也好，佛性的我也好，就在上面看著身體的我活動，還經常把身體的我叫來，讓他向自己彙報，然後給他總結，給他提醒，給他指導。當遇到煩惱時，更高的我就能跳出來看看。我覺得每個人身上都有這樣一個自我，要經常讓他在場，經常處在清醒的狀態，而且要讓他強大。怎麼讓他強大？就是去讀那些偉大的著作，去讀佛經。

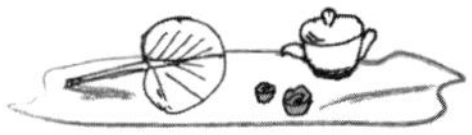

人性和佛性

主：剛才說到人性和佛性，對於人工智慧時代來說，如果我們可以找出規律或演算法，是不是可以植入？這樣的話，人工智慧是不是有一天會具備人所有的情感，或修行所要達到的境界？

周：肯定不能，人工智慧可以對佛經做很好的整理，我相信它可以做到這點，但永遠不會有佛性，也不會懂得佛性。

主：請法師談一談，人性和佛性的區別到底在哪？

濟：首先要瞭解什麼是人性，然後才能進一步瞭解人性和佛性到底有什麼差別。簡單地說，人性是代表人類本質性的存在，古今中外的哲學流派，都立足於不同視角來定義人性。中國古代的「食色性也」「飲食男女，人之大欲存焉」，是從自然性的角度定義人性；西方哲學更強調理性，以此做爲人性的重要內容。

佛法對人性的認識有兩方面，一是知的層面，一是行的層面。從知的層面，認爲理性是人性的重要特點；從行的層面，認爲人有貪瞋癡，也有悲憫之心，說明了人性是多樣而非單一的存在。中國古代有性善說和性惡說，孟子說「人皆可以爲堯舜」，可以成就聖賢品德；也講「人之所以異於禽獸者，幾希」，不小心就可能禽獸不如。

所以人有兩面性，關鍵在於發展哪一方面。今天的社會強調發展，我們要發展經濟、發展企業、發展文化。其實生命也是一樣，我們希望自己成爲什麼樣的人，就要充分瞭解人性，做出正確選擇，發展其中的正向力量。

相對二元的人性來說，佛性是超越二元的，代表更深層、更本質的生命內涵。佛法認爲每個眾生都有佛性，不論凡聖，佛性都是圓滿無缺的。一旦證悟佛性，就能徹底擺脫迷惑煩惱，實現生命的最大價值。所以說，瞭解佛性對我們更爲重要。

周：佛就是覺悟，佛性就是覺悟的本性。人性問題，從不同角度有不同說法，

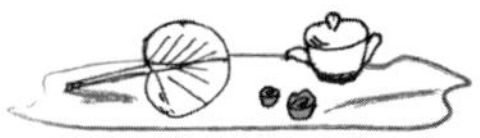

比如探討人和動物的區別，但對人來說又是共同的，這些特性被稱爲人性。西方哲學通常認爲，人是有理性的，動物是沒有理性的。

此外是從道德的角度。中國關於人性善惡有很多爭論，先秦時的儒家就有幾派，孟子認爲性善，荀子認爲性惡，孔子則認爲是中性的，所謂「性相近，習相遠」，善惡是後來變的。但西方哲學對人性的善惡談得很少，沒有從道德上分析人性。

西方近代哲學對人性的分析，是考慮到這樣的問題——社會怎麼對人性因勢利導。它把人性分成兩方面：一是認爲利己乃人的本能，個體生命一定會追求自身利益，一定會趨利避害，趨樂避苦。我們無法對本能作道德判斷，不能說這是善的，或這是惡的。

但人不光有利己的本能，還有另一種本能叫同情心，西方哲學普遍承認，人是有同情心的。其中有兩種不同觀點，但我看來大同小異：一種觀點認爲，同情心是獨立形成的特性，是在原始的社會生活中逐步形成的，因爲他需要別人引導、需要與人合作，就形成了同情心。另一種觀點認爲，它是由利己心派生的。做爲一個生命體而言，你必須有利己心，對自己的痛苦和快樂是敏感的，要關心並追求自身利益，才能將心比心，推己及人，想到別人有同樣的本性，所以要尊重別人的本性。

不管怎樣，兩者都承認人既有利己心又有同情心，社會就該因勢利導，因爲利己心是最強烈的，所以要設計一種制度，讓每個人都可以追求自身利益。但因爲你是利己的，他也是利己的，所以你在利己時不能損人，這樣一種鼓勵利己、懲罰損人的制度，叫作法治。

法治的根本原則，是每個人可以追求自身利益，但不能損害他人利益。在這一點上，我覺得中國傳統思想是有問題的，往往把損人和利己說成一回事，其實利己不一定損人，損人是有害的，利己則是應該鼓勵的。在中國儒家思想中，對於追求個人合理利益有所壓制，很多社會問題可以從中找出原因。

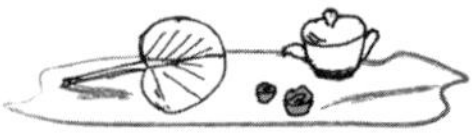

主：這段說得非常棒，很多時候大家會有一種誤解，覺得提倡利他時，自身利益一定會受到損害；或說到利己時，一定是損人的。其實兩者之間沒有必然的捆綁關係。

利人和利己

濟：處理好義與利、自利與利他的關係非常重要。在中國傳統文化中，往往把兩者對立起來。一個人追求利益，很可能被視爲小人；反之，如果你是君子，似乎就不該追求利益。事實上，義與利不必對立，因爲我們在世間的生存需要利益爲保障，但「君子愛財，取之有道」，只要用正當手段獲取利益，和道德並不矛盾。

在市場經濟發展早期，很多人爲逐利不擇手段，帶來種種苦果。隨著經濟發展的逐步規範，人們發現，企業想走得遠，做得大，要具備兩種精神，一是誠信，一是利他。首先要有誠信，這是企業的立身之本；同時還要有利他心，考慮大眾利益，才能得到社會認可。從誠信和利他的角度，利益和道德是相輔相成的。當然，有時不講誠信和利他也能賺錢，但這是走不遠的。現在的互聯網企業講究免費原則，如淘寶、微信都是透過免費廣結善緣，再透過其他管道獲利。可見，利他是做大平台、得到人脈的重要前提。

說到自利和利他，我們過去常常把兩者對立起來，以爲利他就會損己，損他才能利己。事實上，人類生活在共同的地球家園，是唇亡齒寒的關係，現在普遍提倡人類命運共同體，也是說明人類利益是一體的。我們只有具備利他心，互利互惠，才能在地球上和諧相處，共同發展。

世界是緣起的，不論是人和人之間，還是人和自然之間，都是彼此依存的。如果我們仇恨他人，想要傷害他人，且不說對方是否受害，自己首先會被這種不善心所傷害。想一想，當我們心懷瞋恨時會開心嗎？反之，如果對他人慈悲關愛，讓他人因你受益，不僅能得到對方和社會的認可，同

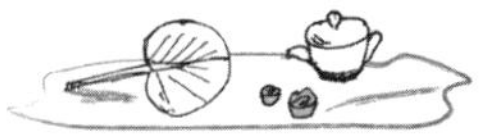

樣也會滋潤自己的生命，讓自己感到幸福。所以說，利他即是利己，害他終將害己。

從同情心到慈悲心

主：佛法說的是慈悲心，哲學說的是同情心，兩者有什麼區別嗎？

濟：孟子說，「惻隱之心，人皆有之。」人們看到孩子走在井邊就會擔心，不是因爲孩子和你有什麼關係，而是自然生起的同情心，這就表示人有良性潛質。如果我們把這念惻隱之心不斷地發揚，就會成爲慈悲心，當你看到每個人都能心生慈悲，就是觀音菩薩的大慈大悲。所以從佛法角度來說，同情心是成就大慈大悲的重要基礎，如果沒有同情心，也就沒有慈悲心了。

周：西方哲學在談道德問題時強調了兩點。道德基礎並不是社會外加於人的約束，實際上，道德在人性中是有根據的——你是生命，別人也是生命，生命和生命之間是有通感的，看到別的生命受苦時，你會本能地產生痛苦，這是道德的基礎。英國哲學家、經濟學家亞當．斯密在《道德情操論》中強調：社會上一切重要道德都是建立在同情心的基礎上。其中最主要的，一是正義，一是仁慈。正義就是不能損人，並對損人行爲加以制止和懲罰；而仁慈不僅不能損人，還要在他人遭受痛苦時給予幫助。所以，同情心是西方哲學強調的道德基礎。

另一個基礎是說，人是精神性的存在，有靈魂、有理性，所以你有自尊心，要尊重自己，也要尊重他人，要以彼此具有的靈性來互相對待。這種尊嚴也是道德的基礎。

這個說法和孟子的觀點很像。孟子講道德的四端，其中兩點是說：「惻隱之心，仁之端也」，惻隱之心是仁愛的開端；「羞惡之心，義之端也」，做人是有尊嚴的，不能褻瀆這個尊嚴。這種道德情感，中外相通。

濟：今天的社會，道德在民眾心目中並不是很有分量。之所以出現這種情況，

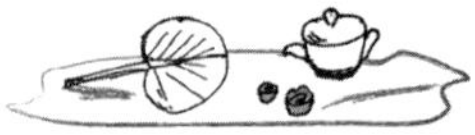

和對道德的認識有很大關係。我們往往覺得，道德是社會的需要，不是個體生命的需要。那麼當大家都不遵守道德時，我去遵守道德，是不是傻瓜，是不是吃虧？

剛才周老師說到，道德的源頭來自內在的同情心、羞恥心。但現在的人太無明了，這種內在源頭未必有多少力量。所以要讓大家認識到，道德不僅是社會的需要，當我們遵循道德時，自己將成爲最大的受益者。佛法認爲，生命都是因緣因果的相續，我們今天能成爲這樣的人，有這樣的性格、興趣、命運，來自過去生的積累，是行爲、語言、思想產生後留下的業力。這些積累會成爲習慣，習慣會成爲性格，性格會成爲人格。我們希望成爲更美好的自己，必須從身口意三業開始改變，這就離不開道德的實踐。

如果我們不遵循道德，造作種種惡行，將形成不健康的習慣乃至人格，給生命帶來無盡的痛苦。也就是說，自己首先會成爲身口意行爲的受益者或受害者，其次才是他人。道德行爲會在自利的同時造福他人，不道德的行爲會在自害的同時傷及他人。眞正認識到這一原理，自然會遵循道德。所以道德需要以智慧爲前提，看清這些行爲的結果，以及和自身的利害關係。否則，僅僅透過社會監督或同情心來落實道德，是沒有多少力量的。

主：在利益面前，道德的約束力往往非常微弱，甚至在法律的重壓下，也有人鋌而走險，導致種種問題。所以還是要從觀念上正視，從根本上改變人心和人性，知道所有的事都和自己息息相關。

認識人心、人性的意義

主：我們說了很多人心、人性的內容，就是在解答今天的主題——人工智慧時代，人類何去何從？透過兩位智者的對話，我想大家琢磨出答案了：往外找是沒有出路的，只能向內探求。最後請兩位說一說，在科技如此發達的時代，大家不再爲基本生存擔憂，可還是存在著種種問題。我們討論人

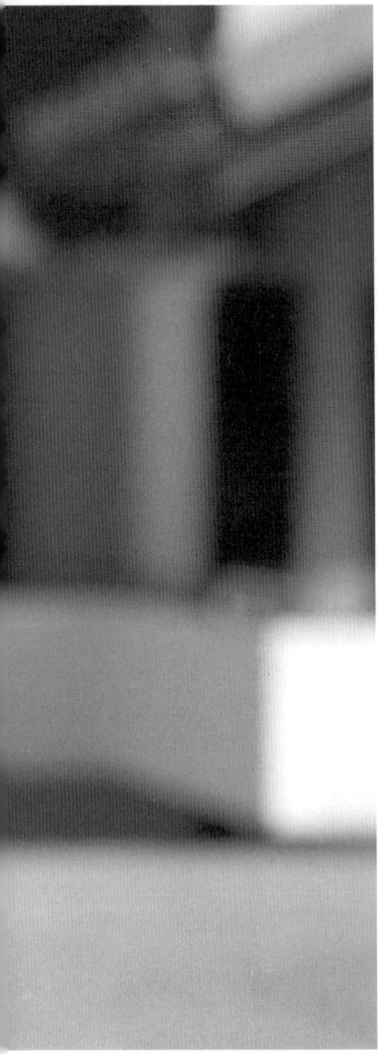

心、人性這些古老而根本的問題，意義究竟在哪裡？

濟：自十六世紀以來，基本上是西方的物質文明在主導，包括商業文明、工業文明、科技文明，都在改造世界、服務人類。在人口不斷膨脹、資源迅速消耗、生態日益脆弱的今天，很多國家已開始關注移民外星的課題，這些發展的共同特點，就是不斷地向外探求。事實上，這條路是走不通的。我們要尋找出路，必須向內而非向外。因爲一切問題的根源，在於人有沒有健康的心態和人格，而這正是東方文化的強項。佛法認爲，心淨則國土淨，我們的內心清淨，世界自然就清淨了。因爲世界是由人組成的，如果每個人都善良而富有愛心，哪怕物質簡單一點，同樣可以過得很美好。反

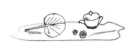

之，哪怕物質超過現在十倍，但有很多不健康的人，這個世界會安定嗎？會和諧嗎？

相對無限的宇宙，人的認識能力非常有限。我們有了越來越先進的科學儀器，但每一種新的發現都讓人瞭解到，其實還有更多的未知。可以說，已知越多，未知也越多。我們一直以爲物質世界就是一切，但悟空號（中國於二〇一五年發射升空的暗物質粒子探測衛星）發現，在宇宙中，暗物質約占百分之二十七，暗能量約有百分之六十八，而我們看到的物質世界僅有百分之五。面對如此巨大的未知，我們眞的很容易焦慮——未來到底在哪裡？

佛法給我們指明一條出路，認爲心的本質就是世界的本質。因爲心是無限的，哪怕世界有無限的外延，但在本質上都是心的顯現，當我們有能力看清自己的心，就有能力瞭解無限的世界。我曾在北京大學陽光論壇舉辦過「佛教的世界觀」講座，講到科學發現對佛經的印證。從宏觀世界，科學家發現了越來越多的星系，但《華嚴經》《般若經》早就告訴我們，宇宙中有恆河沙數世界。在微觀世界，現代量子力學發現了波粒二象性、量子糾纏等，而佛法的中觀和唯識思想中，早已將相關原理講得非常透徹。爲什麼佛陀在兩千多年前就有這樣的智慧？因爲他證悟了心的本質，證悟了諸法實相。

面對世界的快速發展，人工智慧的高度發達，很多人感到茫然：不知道生命的意義在哪裡，人生的方向在哪裡。如果我們繼續向外尋求，是永遠找不到出路的，只有轉而向內，立足於對心的認識，重新造就人格，建立目標，才能不斷提升生命品質，而這正是人工智慧完全無法替代的優勢。

人類何去何從？我們有什麼樣的認識，就能認識什麼樣的世界，選擇什麼樣的未來。佛法自古以來就被稱爲心學，對認識心性和解決心理問題有著透徹的智慧。透過學習智慧文化，可以開發潛能，從認識生命眞相到認識世界眞相，當我們看清這一切，就沒有何去何從的困惑了。

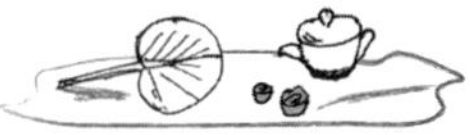

周：我覺得，人類的前途歸根究柢是取決於多數人的生命能不能覺悟。從這個角度來看，只要能達到這一點，人工智慧就不可怕，出了問題我們都能解決；如果達不到這一點，沒有人工智慧，人類也沒多大希望。

從這點來說，我覺得我們需要佛法，也需要一點哲學。佛法確實了不起，西方哲學從古希臘開始，一直在追求、尋找世界的本質是什麼，找了兩千多年，現在得出一個結論——世界沒有本質，也就是佛法說的「無自性」。

主：周老師剛才的講話中說到一些佛法名相，我覺得特別讚歎：您做爲一個哲學家，可以有這些修行方面的認識，相信到下一本書，您的境界更值得期待。關於今天的主題，相信每個人都有自己的思索，也找到了相應的答案。剛才法師和周老師說得很清楚，就是向內求——每個人找回自己的本心，找到生命的出路，人類就能找到共同的出路。

現場問答

主：下面進入互動時間，是大家發揮聰明才智的時候。

空，是否一切皆虛幻

問：佛家講空，讓人覺得生命很虛幻。那佛教和哲學是不是虛幻的？有沒有學習的必要？

濟：空，是要空掉我們對自我和世界的錯誤認識，並不否定現象本身。佛教認爲一切存在都有因緣因果，只是因爲我們看不清，才對自我和世界產生「我」的認定，「永恆」的認定，進而執著這種認定——以爲自己的所見最正確，就是如此、必須如此，煩惱由此產生。如果不學習佛法或哲學的智慧，可能永遠活在自己的觀念中，在無我的世界執著我，在無常的世界期待常，永遠事與願違。只有學會智慧地看世界，才不會因爲誤解引發煩

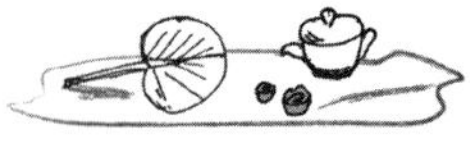

惱，人生才會變得更美好。

周：我倒覺得，哲學讓我的人生變得比較痛苦。如果不想這些問題，就安安心心地過日子，但思考這些，最後你會發現是沒有答案的。從空性來說，是要空掉我們的錯誤認識，空掉世界的永恆性，以及給我們希望的堅固性——覺得世界是堅固的，可以提供意義。西方人總在追問「世界的本質」，最後把上帝做爲精神本質來信仰——總有一個永恆的、不會失去的東西在那裡，你相信它吧。但佛教沒有這個。當然，可能世界的本來面目就是這樣，你就接受吧。

濟：佛法否定永恆，並不是說除了虛幻的現象就什麼都沒有。其中有兩個層面，一是我們會對世界產生永恆的認定，其實這種永恆根本不存在。我們希望愛情天長地久，事業千秋萬代，甚至希望自己長生不老，不過是因爲執著感情、在乎事業、害怕死亡，是對世界有過多依賴後產生的幻想。事實上，這種執著將帶給人類無盡的痛苦。佛教講無常，只是讓我們認清眞相，但同時也告訴我們，覺性是永恆的，但這個永恆超越二元對立，既不可以用有去認識，也不可以用無去認識，並不是什麼都沒有。

周：有和無的中道非常微妙，其實我看不懂。最後我得出一個結論——不要去問有還是無，就對了。

要不要追求真相

問：周教授說，研究世界後發現沒有本質，那麼世界有沒有眞相？我們要不要去追求究竟的眞相？我覺得從生到死，這樣自得其樂不也挺好的嗎？

周：如果你已經有這個問題，必然去問。我的體會是，如果弄不清楚，覺得人生是不踏實的。有些人沒有這個問題，你讓他問，他也不問。但有些人對終極性問題比較關注，可能有天生的成分，當然也有後天的薰陶。如果你是屬於內心沒有這個問題的，那就這樣吧，不必自尋煩惱。

濟：世界有沒有眞相？需不需要探究眞相？很多人對世界沒什麼思考，生個孩

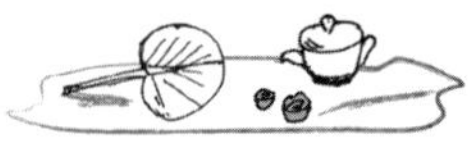

子，找份工作，過個小日子，也能樂在其中。一旦關注起「人爲什麼活著？生命的眞相是什麼？」之類的問題，反而平添煩惱。那麼，自得其樂的人需不需要被喚醒？還是讓他們繼續安於現狀？其中包含兩種情況。有些人之所以自得其樂，是建立在相對穩定的基礎上，比如身體健康、家庭和睦、事業順利，沒遇到天災人禍。一旦這種平衡被打破，其實是樂不起來的。即使他有福報，能一輩子樂下去，面對死亡時還能不能樂？即使能平靜地死去，這種沒有終極方向的人生，和動物有什麼本質區別？只有認識眞相，知道無常無我、因緣因果的原理，才知道怎麼在因上努力，同時坦然接納一切結果，建立在這一基礎上的快樂，才是可靠而長久的。

周：我覺得，明白世界眞相，比如知道無常、空性的道理後，並不能建立幸福的基礎，但給了我們消除痛苦的理由——用不著煩惱，反正是這麼回事，就不會糾結於人生中的是非得失。很多人沒看到這個眞相，所以如此糾結。

濟：消除痛苦的根源，就是製造幸福最好的基礎。

學佛是投資人生

問：我是做企業的，很想把佛法學好，但身邊人常說，應該退休後才去學，因爲學東西必定要花時間，有時會和應酬衝突。我想請教，什麼時候學佛更合適？

濟：佛法是人生的大智慧，可以引導我們做個更好的人，更有智慧、更幸福、沒有煩惱地活著。這樣一種智慧，是老了才需要，還是越早擁有越好？現代人普遍很忙，做企業的尤甚，似乎沒時間用來學佛。事實上，不少企業家爲了提升管理水準，會去上工商管理、傳統文化等課程。爲什麼有時間學習？因爲他們認識到自己需要這樣的提升。

學佛也是一樣，當我們瞭解它的重要性，相信這種學習有助於自己更好地做人做事，自然會有時間。日本的稻盛和夫能做兩家世界五百強的企業，

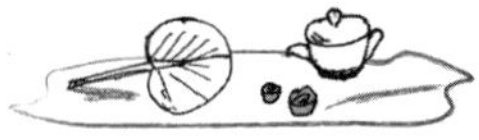

離不開佛法的智慧。近年來，我也經常應邀給企業家們講座，內容包括「企業與人生、現實價值與終極價值」等，智慧可以化繁爲簡，使管理更加直接有效，同時讓你更有愛心和利他心，得到更多人的認可。所以，這種學習是磨刀不誤砍柴工，從另一個角度來說，也是對人生的投資。

自我與無我

問：佛法提倡的無我是不是反人性的？這和西方的人本主義精神是不是相違？

周：佛教說無我，以我的理解，並不是對個人生命的否定，而是一個大的概念。諸法無我，就是一切現象都沒有自性，沒有不變的本質。這不是人類學的概念，而是大的哲學概念，當然對人也適用。很難從這一點說它是反人性的，我覺得這和人本主義談的並不相同。

濟：西方人本主義強調個體的獨特性，追求個人價值的實現。在佛教看來，這一思路缺少對人性的考量，容易形成我執。個性解放到底解放什麼？在漫長的中世紀，西方經歷了宗教神權的壓抑，所以在文藝復興時期提出了個性解放。這一思想雖然帶來藝術、文學、哲學的全面繁榮，但也使人性中的負面因素得以張揚。很多藝術家看到了其中的問題，但沒有解決的智慧，只能以極端的方式來表現，使當代藝術變得光怪陸離。事實上，如果找不到生命的出路，也就找不到藝術的出路。如何找到生命出路？唯有佛法智慧。從某種意義上，佛教所說的無我，正是要否定人文主義追求的自我，因為後者往往是在追求自我的過程中迷失了自己。在佛法看來，只有放下自我，才能找回自己。

周：人本主義是局限在緣起的現象世界，肯定人要追求自我價值，卻沒有看緣起現象的背後有沒有本體世界或空性。而無我的觀念是告訴我們，現象世界的本質是空性。文藝復興後，一方面是人本主義的興起，另一方面是原來關於本體論、形而上學的追求，包括對上帝信仰也開始衰落，提出「到底有沒有上帝？」等疑問。事實上，對本體的懷疑就是無我——看到世界

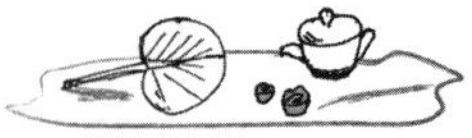

背後沒有不變的本質。這已逐步成爲西方哲學的主流。從歷史的發展來說，兩者好像不太衝突，而是相輔相成的關係，這可以當作研究的題目先放著。

主：聽到今天的對話，大家會有一種感覺，很多問題的最終答案是開放性的。在閱讀本書時，您也會有這種感覺，這也是啓發我們思考的過程。

如果工作被人工智慧取代

問：現在越來越多的職位被人工智慧取代，那麼失業的人是什麼因緣？社會是否會因此不穩定？

濟：這確實是個重要的問題。未來很多工作會被人工智慧取代，意味著大量的人要失業。對很多人來說，工作不僅是生存需要，也是精神寄託，可以打發日子乃至實現人生價值。當他們沒事做之後，即使衣食無憂，身心何以安頓？這就可能製造種種社會問題。所以說，未來每個人的身心健康尤爲重要。這樣的話，不論社會如何變化，都能安然接納，順勢而為。我想，最好的方式就是學佛。當人有更多時間後，應該發揮人的獨特性，完善自我，實現生命的終極意義。更進一步的，以慈悲、愛心、正念造福社會，利益大眾，這才是人類的未來出路。如果沒有智慧文化的引導，很多人沒事做之後，其實是很可怕的事。

周：我覺得有各種可能性，有時是物極必反。現在我們買東西已經不去商店，都是電商快遞給你，結果大商場快空了，生活中的一些普通樂趣也沒了。我相信發展到一定程度，人們會考慮這種生活到底對不對。我覺得不會長期延續下去，人需要日常生活的樂趣，不能完全用人工智慧代替。另一方面，馬克思講共產主義社會最重要的特點，還不在於生產資源公有，這只是手段而已。他要達到的目的，是造就一個自由王國，每個人都可以從事他喜歡的事，有人做科研，有人創作藝術，各盡所能，不是為了

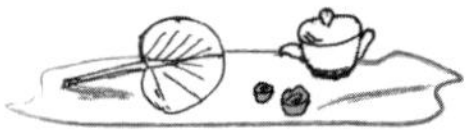

物質，也不是爲了謀生。如果有好的社會制度和環境，可以把多數人從謀生的勞動中解放出來，發展自己的能力，實現人生價值。前提是他對人生有正確理解，所以還是要靠佛法。

主：今天的講座已經超出預定時間，雖然聽眾還陸續提出問題，但對話只能到此結束。未來何去何從？相信每個人心中有自己的思索和答案。我們再次用熱烈的掌聲，感謝兩位智者以智慧火花給我們的啓示，也把掌聲送給自己——因爲你們的到來，成就了這一場因緣。希望以後還有機會相聚，再次探索靜心文化。

2
佛教人本思想與西方人本思想

—— 2017 年 1 月，北京。

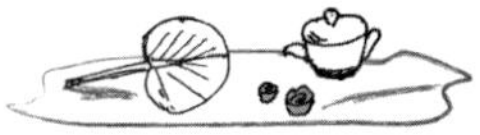

濟：「個性解放與個人解脫」的深層思想背景，其實是西方的人文主義和佛教的人文主義。當然佛教並沒有特別提倡人文主義，這是西方哲學的概念，但從人文主義的視角看佛教，會發現兩者有不少相通之處。

現代文明是建立於西方人文主義的基礎上，在帶來進步的同時，也造成道德淪沒、生態惡化、人心動盪等問題，相信每一個身處其間的人都有體會。在這一大背景下，瞭解佛教的人文主義思想，有助於我們正確看待現代文明，調整發展方向。希望這些對話能引領大家認識佛教的價值，並使這一智慧在以西方文明爲主導的當代社會發揮作用。

周：很好的話題。可以說，佛教的人文主義具有西方人文主義的優點，但沒有它的缺點，同時還可以解決它的缺點。

濟：透過深入交流，我們才能眞正瞭解佛教和西方人文主義的不同在哪裡，優點在哪裡，如何才能從中受益。這是很有意義的。

周：從西方人文主義的角度來說也很需要。人文主義發展至今，自己也發現了很多問題、也在反思，東方文化可以爲此提供思想資源。我們講人文主義，就是humanism，或譯爲人本主義、人道主義，簡單地說，就是以人爲本，這是從西方文藝復興開始張揚的思想。長期以來，人的價值被神權主義貶低，所以這是對中世紀神權統治的反抗。

但人文主義有兩個問題。一是物質主義，或者說享樂主義。神權統治奉行禁欲，使人的正常欲望被壓抑，但在文藝復興思潮中，開始肯定人的欲望，甚至過分強調了這一點，當這種身體的、物質性的欲望被張揚，問題在所難免。二是理性主義，或者說科學主義。一方面要開發自然，滿足人類欲望；一方面強調理性萬能和科學力量，可以無限地創造財富，來滿足無限的欲望。關於物質主義和科學主義帶來的問題，自十九世紀以來，西方哲學家已開始反省。

濟：關於東西方人本主義思想的探討，我大概整理了一下，可以聚焦以下幾方面來探討。

其一，神本到人本的過渡是如何完成的？西方人文主義形成於文藝復興時期，經歷了神本到人本的發展；佛教出現於盛行婆羅門教的印度，同樣經歷了神本到人本的轉變。也就是說，兩種人文主義都產生於神本的思想背景下。那麼，這兩種過渡有什麼不同？

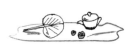

周：這是很學術性的問題。

濟：其二，人究竟是什麼？說到人本主義，離不開對人自身的認識。佛法強調「人身難得」，認爲這是六道中最殊勝的身分，超過在天堂享樂的天人。西方文學家莎士比亞提出人是「宇宙的精華，萬物的靈長」，而達爾文的唯物論則將人定義爲高級動物。不同的定位，決定了生命的高度和未來發展。

其三，如何實現人的價值？這就涉及個性解放、個性和人性的關係。人要實現自身價值，首先要解放思想，否則某些能力將被壓抑。佛教所說的解脫，本身就包含解放的內涵，這和西方宣導的個性解放有什麼不同？佛教又是怎樣成就解脫的？

其四，關於人權的問題，包括自然法權和天賦人權。西方人文主義所說的平等、自由和生存權、幸福權、尊嚴權，以及對民主、法治的保障，都是人權的體現。人在社會中擁有什麼權利，是實現自身價值的前提。如果這些權利被壓抑，就無法實現人的價值。佛教和西方人文主義對人的認識不同，要實現的價值不同，對人權和個性解放的認識也有差異。

其五，人爲什麼活著？對意義的定義不同，實現意義的方法也就不同。

周：這幾個問題是一步步往前推進的，脈絡梳理得很清晰，完全可以做爲我們討論的提綱。第一是從神本到人本，探討人本思想的發展脈絡；第二是認識人的本質，找到人的價值；第三是個性解放，關係到個人層面的價值實現；第四是人權問題，從社會層面對實現個人價值的保護；第五是人生意義，並找到實現意義的途徑。

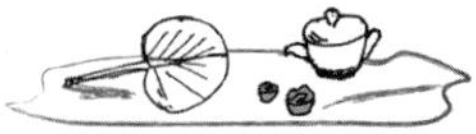

人本思想的發展脈絡

濟：從西方人文主義的角度，怎麼完成神本到人本的過渡？

周：這是要做功課的。我簡單說一說，主要涉及兩段歷史。

第一段是從古希臘神話時代到哲學時代。西元前七世紀之前，古希臘基本上是神話統治的時代，即奧林帕斯神話系統，以神話理解世界、指導人生。此後，哲學開始產生。從第一個哲學家泰勒斯，到赫拉克利特、德謨克利特等，統稱爲前蘇格拉底哲學家。他們主要關心宇宙的問題，其中好幾位是天文學家，透過觀星象對宇宙做出解釋。在此之前，不需要人來解釋，因爲神話已經解釋了。但從哲學開始，開始用理性對宇宙做出解釋，已有人本的因素。

到蘇格拉底，認爲天上的事是想不清楚的，開始思考人生問題，所以他被稱爲第一位把哲學從天上拉到人間的哲學家。他的思想就是怎樣把靈魂照料好、過有價值的人生，這是他的思考重點。在西方哲學史上，從神話到哲學，就是神本到人本的過程。

第二段是基督教以後。從古羅馬帝國後期開始，基督教逐步占據統治地位，這麼長時期的宗教統治，一直延續到文藝復興，再次出現神本到人本的轉變。

主要有這兩段，但我說的只是粗略的。具體的歷史脈絡，要再作資料性的準備。你先講講佛教的，我覺得從人文主義看佛教，是一個特別的角度，很有意思。

佛教出現的背景

濟：佛教出現之前，印度的傳統宗教主要是婆羅門教，先後經歷了幾個階段。首先是多神階段，有點像古希臘的眾神。到《吠陀經》，開始有一神出現——宇宙中以大梵天爲至尊。在這個時期，人和神是二元的，類似現在

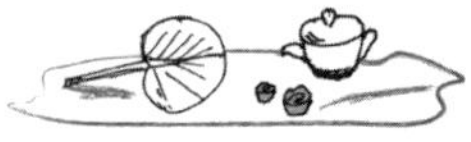

的西方宗教。而在《奧義書》中，認爲大梵是大我，個體是小我，並提出「梵我一如」的思想，認爲小我是大我的一部分，人之所以流浪生死，輪迴六道，就是因爲迷失自己，所以要透過修行認識到自己和梵是一體的，具有梵的一切能量。這就使人和神的關係從二元進入一體，把人和神統一起來。

宗教通常會有祭祀，婆羅門教也很重視祭祀、禱告，並修習佈施等善行。但《奧義書》認爲，這些屬於有爲、有限的善行，是不究竟的，最高的善是體認梵我一如。從這個角度說，印度的神本思想比西方更深刻。

婆羅門教有三千多年歷史，而佛教是在西元前五世紀形成的。當時，神權統治下的印度出現了反婆羅門的沙門思潮，包括耆那教、生活派、順世派和不可知論派等，佛教也是其中之一。我覺得這個階段類似西方人文主義的出現，是從神本到人本思想的過渡。

周：是一個百家爭鳴的狀態。

濟：確實是，各種思想非常活躍。佛經多次說到九十六種外道，就是不同的修行體系，這個「外道」並非貶義，而是指佛教以外的其他宗教。

周：這是佛教的說法，其他宗教也會認爲佛教是外道，就像我們說中國、外國，道理是一樣的，這是一個相對的概念，客觀地說就是百家。

濟：佛教正是出現在這樣的思潮中。那佛陀是怎樣建立人本思想，否定神本思想的呢？首先，佛教的基本理論是緣起，不論對生命還是宇宙現象的解釋，都立足於緣起，以此認識世界、改善生命、成就解脫。在印度各宗教中，生命的終極價值都是導向解脫。

周：婆羅門教也是這樣？

濟：對，輪迴和解脫是印度所有宗教的核心。諸子百家體現的是文化性、哲學性、政治性，主要關心現實人生的問題。但在印度文化中，從佛教到九十六種外道，關注的都是輪迴和解脫，以此爲人生頭等大事。這就需要探討——輪迴的因果是什麼，解脫的因果是什麼，是什麼在決定輪迴？怎

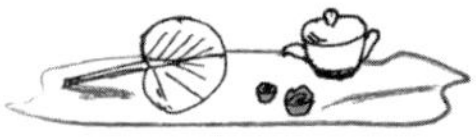

樣才能解脫？

佛陀在菩提樹下證悟，正是透過對十二緣起的觀察，發現生命延續離不開無明到老死的規律。輪迴是由無明緣行、行緣識、識緣名色，乃至生緣老死。解脫則是由十二緣起逆觀，從老死追溯到無明，再由無明滅則行滅，行滅則識滅，識滅則名色滅，乃至生滅則老死滅。簡單地說，是由斷除無明而了生脫死。

周：是一個核心論點。

濟：佛教是緣起論，不是神創論，也不是唯物論、唯心論。佛教對所有問題的認識，都是立足於此，既否定神的權威性，又不同於無神論。無神論認爲根本就沒有神，沒有鬼，不承認看不到的力量。而佛教認爲神和鬼都是有的，只是沒有主宰一切的造物主。比如天有很多重，每重天都有相應的天神，但這些神也屬於六道眾生，同樣受因果規律的支配，一旦天福享盡，仍會墮落。經中多次記載，天人將墮時會出現五種衰相，使他坐立不安，所以天堂並不是永久的歸宿。

周：這個神的概念，和印度婆羅門教的神，是不是已經不一樣了？

濟：大體是一樣的，講的是各重天的天主、天人，包括大梵天，佛教中也講到。

周：他在佛教中是什麼地位？

濟：大梵天屬於色界天，神格很高，認爲世界是「我」創造的。就像人間帝王覺得世間唯我獨尊，自稱朕、孤家，一切都由我決定。佛教稱之爲天慢，是地位帶來的我慢。但在佛教看來，天主、天帝同樣屬於六道之一，仍受因果業力的支配，主宰不了自己的命運，更主宰不了眾生的命運。

佛陀成道後說法，倒是和大梵天有關。佛陀最初成道時，發現他所覺悟的眞理和凡夫認識有天壤之別，並沒有準備說法，後來在大梵天的再三祈請下，才開始教化眾生。在佛陀弘法過程中，很多聞法對象是婆羅門信徒，所以佛陀會針對他們的教義，從佛法角度加以批判。比如他們認爲，只要

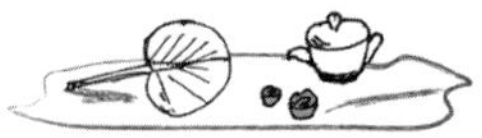

到恆河洗一洗就可以淨化罪業，至今都有大量的人去恆河沐浴。

周：我在那裡洗過，在恆河游過泳。

濟：但佛陀說這是不可能的，必須透過懺悔才能清除業障，並不是洗一洗就能解決問題的。如果洗洗能除障的話，恆河的魚早就升天了。

婆羅門教重視祭祀，有居家火、供養火等火供方式。佛陀針對這些內容做了倫理性的解讀，把各種火供解讀爲如何待人處世，根據緣起因果告訴人們，只有建立良善的社會和人際關係，才能幸福吉祥。《善生經》說到，有位婆羅門每天早上要拜東、南、西、北、上、下六方。佛陀問他：爲什麼這樣拜？他說是祖先傳下的規矩，並不清楚其中原因。佛陀告訴他：佛教也有六方，是讓我們處理好各種人際關係。比如東方代表自己和父母的關係，做爲父母要盡到哪些責任，做爲兒女要奉行哪些義務。此外，以南方、西方、北方、上方和下方分別對應夫妻、兄弟、朋友、主僕、宗教師的關係，說明彼此間應該遵循哪些倫理，類似儒家的五倫。

人間勝過天堂

濟：對婆羅門教的修行，佛陀或是直接批判，或是立足於緣起因果加以解讀，提出相應的道德準則，引導信眾透過踐行道德、止惡行善，達到自他和樂的目的，而不是簡單地、不知其所以然地供一供、拜一拜，把問題交給神明。

周：這是屬於什麼時期的經典，小乘還是大乘？

濟：我剛才講的主要出自《阿含經》，屬於早期的聲聞經典。除了強調自身行爲的重要性，佛教的人本主義還體現在——肯定人身的價值。《阿含經》所說的「人間於天上則爲善處」「諸佛世尊皆出人間」，都是告訴我們——人間比天上更好，諸佛出自人間而非天上。

爲什麼人間更好？因爲天人太舒適了，專門享樂，既不喜歡思考，也不喜歡修行。人間則有苦有樂，而且人的理性發達，會思考生命的意義、世界的眞相，探索離苦得樂的途徑，透過思考和修行開發智慧，成就解脫。所以，必須以人的身分才能實現終極價值。正因爲如此，佛教把長壽天（色界四禪之無想天，天人的一種）當作八難之一，屬於不能修行的身分。生到那裡其實是一種不幸，從修行來說非但沒有價值，反而是障礙。

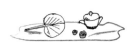

周：這是不是帶有比喻性質，以此比喻人生的不同狀態和境界？

濟：佛法是從緣起的智慧，觀察人道和天道的生命差別，是如實觀，而不僅僅是比喻。

周：這些差別是由緣起造成的嗎？

濟：差別必定是由緣起造成的。由不同的行爲形成不同的業力，最後招感相應果報，這些果報又會進一步對我們產生影響。

周：生天應該是比較好的果報，福報比人要好，但對修行來說又是不利的，這是不是有點矛盾？

濟：不矛盾。人間也有這樣的情況，比如富貴修行難。雖然條件優越，不必爲

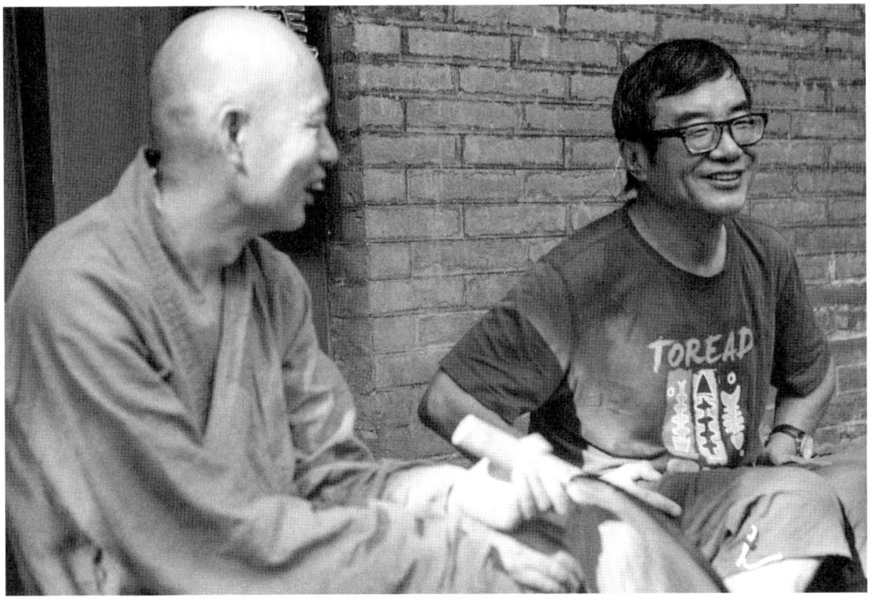

生存奔波，但太享樂了，沉迷於此，沒想到要修行，白白耗費人身。就像那些紈絝子弟，本來是有些福報的，結果不思進取，一事無成。甚至還有人因此爲非作歹，把福報變成作惡的助緣。

周：是不是可以在修行上有好的狀態，做爲往昔修行的福報？否則最後到了對修行不利的地方，不是反而害了他嗎？

濟：佛教是從因果角度看待這些。比如一個人艱苦創業，最終成

爲富豪，這是創業感得的果。當他成爲富豪後，可能會好好運用這些錢，讓事業蒸蒸日上，同時造福社會；也可能像現在說的「有錢就變壞」，反而給自己、家庭、事業帶來種種問題。所以這是兩個概念，我們不能因爲他沒有好好利用錢財，就說透過努力成爲富豪是不合理的。

周：但他賺錢後，也可以有一個好的狀態。

濟：對賺錢來說，努力是因，賺錢是果，當然還有各種緣的成就。但對用錢來說，關鍵在於有沒有智慧，這是決定我們能不能用好的因。如是因，如是果，福報有福報的因果，智慧有智慧的因果，解脫有解脫的因果，是不一樣的。不是說你有招感福報的因果，必定有成就智慧的因果，反之亦然。比如有些人很有智慧，但一生清貧。所以佛教說到兩種資糧，一是福德資糧，一是智慧資糧，修行就是要積累這兩種資糧。

周：《聖經》也用這個詞。

濟：佛教有句話叫「修福不修慧，大象掛瓔珞」，如果只修福報，不修智慧，未來可能像國王的大象那樣掛滿珠寶，但只是畜生罷了。現在有錢人的寵物也是這樣，論享受和物質條件，要比沒錢人好得多，但這種福報並不能改變它的惡趣身分。另一句是「修慧不修福，羅漢托空缽」，有些人精進修行，但往昔和今生都不修福報，不和大家結緣，雖已成就阿羅漢果，但乞食時照樣沒人供養，只能托著空缽回來。所以佛陀一再強調，福和慧都要修。

周：修福修慧的途徑不一樣嗎？

濟：途徑不同，但可以有交集。因爲福報有不同品質，在智慧指導下修福報，或是沒智慧地修福報，性質完全不同。

周：福報主要是透過慈悲嗎？

濟：福報主要是透過利他，利他離不開慈悲。佛教就是從這個角度肯定人身價值——只有人才能福慧雙修。

周：這是特別棒的一點。

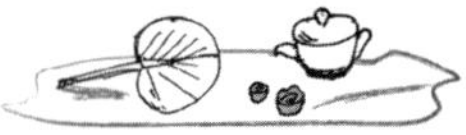

從神本到人本

濟：佛教的人本思想主要體現在兩點：一是認爲禍福不由造物主決定，而取決於自己的善惡行爲；二是強調人身的殊勝，以及比天堂好在哪裡。基於此，完成神本到人本的轉變。

周：過渡後就把神貶低了。可以想像，人間有苦有樂，確實最豐富，對修行也是最好的環境。如果把人間這些內容抽掉，神所在的天國應該是很單調的世界，難以想像他在那裡享的是什麼福，肯定不是物質的福。

濟：天道，尤其是欲界天，享受的還是物質的福，不是精神的。色界、無色界天的享受才是精神的，和禪定有關。

周：是什麼樣的物質享受？吃好穿好，還是琉璃、水晶、金碧輝煌的環境？佛經中有具體描述嗎？

濟：佛經中有描述。從物質角度看，這些條件是人間享樂的極致，而且沒有任何災難。但天人同樣屬於凡夫，而非聖者。《俱舍論》記載，欲界共有六層天，越往上，滿足欲望的條件越簡單，越容易快樂。

周：是不是可以理解爲，欲界也有修煉，修煉比較好的處於上層。

濟：修行主要在欲界的人道，而不是生天後修行。

周：我本來覺得，這不是一個物理空間。

濟：佛教認爲，欲界天和色界天就是物理空間，到無色界天才不是物理空間。

周：現在考證出來在哪個星球嗎？

濟：其實我們看到的世界非常有限。現代科學發現，我們看到的世界只有百分之五。這是怎麼推算的？因爲宇宙運行需要能量推動，僅靠現存物質的能量，不足以讓眾多星系有序運行。所以科學家提出，除物質外還有暗物質，其中物質占五分之一，暗物質占五分之四。然後科學家又發現，僅靠暗物質還不足以支撐宇宙運行，應該有暗能量，且相當於物質和暗物質的一倍……透過一系列推論，說明能看到的世界只是百分之五，更多是我們

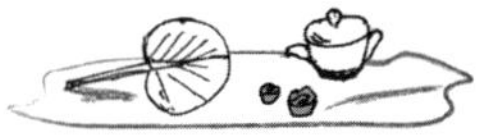

看不到的。

周：就是說，我們只看到了物質，看不到暗物質，也看不到暗能量。科學家們把自己無法認識和把握的存在，給它一個定義——暗。

濟：從神本到人本的思想演化上，佛教和西方的不同在哪裡？

周：整個思路的共同之處在於：神本時代以神的主宰力解釋宇宙人生的一切，到人本時代覺得這個解釋不對，做爲主宰的神的力量並不存在。那麼宇宙到底是怎麼回事？人生到底該怎麼過？是需要人自己思考的。

緣起說，是智者釋迦牟尼提出的一種看法。他沒有依賴神力解釋問題，我覺得是一種理性的解釋，是自己觀察現象並從中得出結論，不是預定的。和理性相反的判定叫獨斷論——你沒有多少根據，不需要觀察現象。譬如神主宰一切就是獨斷論，它不需要證明，就這麼說。而緣起說要講道理——爲什麼萬物都是緣起的？這是理性的看法，西方哲學也是這樣。從希臘哲學開始就不用獨斷論，而要說出世界是什麼。但他們沒有緣起說，仍把宇宙萬物歸結爲某種本原。從泰勒斯起就在尋找解釋萬物的東西，也就是萬物的來源、歸宿和本質。思路分兩種，即唯物主義和唯心主義。

一是從自然尋找，比如泰勒斯說萬物是水，赫拉克利特說是火，德謨克利特說是原子，或是四種元素，總之是歸到某種物質形態。一是柏拉圖的思路，將萬物歸結爲理念，或畢達哥拉斯說的數字。雖然兩種思路不同，但共同點都是尋找萬物背後的本源，那個不變的東西。

濟：就是從物質本身尋找起源，而不是從另一種力量，而神本是另一種力量。

周：不一定是物質世界，是從宇宙萬物去尋找背後的本原，但它可以是精神性的。柏拉圖就是找精神的東西，其實類似於神。

濟：釋迦牟尼佛提出緣起論，不僅僅來自理性思考，還透過修習禪定獲得定力，開發出遍知一切的觀智。再以這樣的智慧觀察世界，了知諸法實相，了知生命延續的規律。這和西方哲學純粹透過理性思考不同。

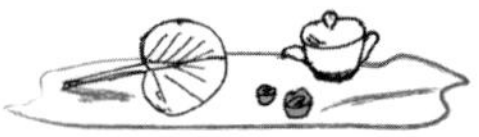

周：像我們這種沒有定力的普通人，也能充分理解並接受無常、緣起，但空性是另一碼事。如果將此做爲一個體系，必須有禪定。佛經有沒有這方面的描述，釋迦牟尼佛是怎麼得到緣起這個認識的？在哪部經中？

濟：《阿含經》有很多描述。禪定是印度各宗教的共同修行，比如四禪八定，並不是佛教特有的。佛陀出家後，跟隨當時兩位最有影響力的宗教師修行，很快證悟了最高的非想非非想處定，但他認爲這不是究竟涅槃。此後又經過各種探索，最終在菩提樹下入甚深禪定，由禪定成就觀智，發現了生命相續、生死輪迴的規律。這個過程就是十二緣起——即無明、行、識、名色、六入、觸、受、愛、取、有、生、老死。

在生命長河中，眾生都是隨波逐流，所以輪迴生死，無有出期。佛陀逆流而上，從老死開始向前尋找。老死的因是什麼？是生；生的因是什麼？是業有；業有的因是什麼？是對五蘊的執取；執取的因是什麼？是對各種境界的愛著；愛的因是什麼？是苦樂憂喜捨的感受；受的因是什麼？來自六根對外界的接觸……一步步往前推，最後佛陀發現，個中原理就是「此有故彼有，此生故彼生；此無故彼無，此滅故彼滅」。看到緣起，也就看到無自性空，看到一切法的如實相。佛陀成道後的最初說法，以四諦法門揭示了兩重因果，即輪迴的因果怎麼產生，解脫的因果如何完成。佛教的所有法門，無非是教導我們認識這兩種因果，進而透過修行斷除輪迴，成就解脫。

周：輪迴因果是認識，解脫因果是實踐。

濟：對輪迴的因果不只是認識，認識固然重要，而且必不可少，但僅靠認識是不夠的。只有將聞思正見落實到心行，斷惡修善、得定發慧，才能將生命從輪迴導向解脫。

共存還是取代

濟：在西方，不論人本思想發展到什麼程度，對神的信仰始終存在。而佛陀提

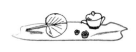

出人本思想後，在佛教信仰中，神本思想就不起作用了。你有沒有發現這樣的不同？

周：你說得對。西方從神話到哲學，從蘇格拉底開始關注人生問題，但這些古希臘哲學家，尤其是蘇格拉底、柏拉圖，都有靈魂的觀念，只是和以前的神話已經很不一樣。眞正說起來，神話時代的奧林帕斯眾神，是把人間生活搬到天上。所有這些神，包括至高無上的宙斯在內，其實都有人的七情六欲，過著人的生活，只是更加歡樂、自由而已。所以尼采把希臘神話說成一種生命宗教，它是肯定生命的，而且把生命神化了。

在此之前，西方是沒有一神觀念的。到蘇格拉底、柏拉圖開始有隱蔽的一神概念。蘇格拉底還不明顯，但強調人生目的就是修煉自己的靈魂，然後帶著好的靈魂到另一個世界，即神的世界。到柏拉圖就非常明確，認爲現實世界外還有理念世界，我們是從那兒來的。這就類似基督教所說的天國，雖然其中沒有上帝，是以善爲最高理念，其實就是上帝。

基督教在古羅馬產生後，是從《舊約》、一神論過來的，很容易和柏拉圖的思想相結合。在他們的經院哲學中，柏拉圖和亞里斯多德起了很大的作用，他們的哲學成了經典，認爲有一個至高無上的精神實體，是純粹的、概念的，和現實世界完全不同的、做爲現象世界的來源。佛教中恐怕沒有這種概念。

佛教是從解決人生問題開始的，目的就是爲了解決人生問題，這點和蘇格拉底很像。但佛教強調生命本身的覺悟，而不是靠神的力量，從這點來說，神的力量確實不起作用了。但佛教有很多理論，還是強調佛菩薩的神祕力量，這是西方哲學沒有的。西方哲學認爲精神世界完全抽象，沒有說其中有一種神祕力量在支配我們，沒有這個東西。

濟：佛教並不是說有另外的神祕力量在支配，而是認爲生命有六凡四聖的不同形態。除了我們看見的人和動物外，還有看不見的天人、餓鬼、地獄眾生，以及聲聞、緣覺、菩薩、諸佛這樣的聖賢。這些生命形態來自不同業

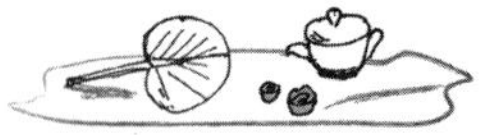

力，並不是固定不變的。對於六道眾生來說，也能透過修行提升自己，成爲聖者。

周：但佛菩薩的力量對人間是有影響的。

濟：因爲他們有慈悲心，能給予眾生幫助和指引，而且是無條件、究竟圓滿的幫助，有次第、因材施教的指引。這種幫助和指引屬於教育式，不是主宰式的，和其他宗教認定的神的絕對主宰，性質完全不同。

我看到的是，雖然西方張揚人本主義，但始終無法完全取代神本。可不可以說，神本所解決的問題，尤其是宗教層面的，是人本思想所未及的。雖說西方哲學也提出一些思想，和基督教有信仰上的結合。爲什麼要結合？因爲人本不管說得多好，只能完成人間訴求，無法取代立足於神本的宗教訴求。而佛教的人本思想，既能透過緣起因果引導我們建立健康的人生、和樂的生活，同時也能解決信仰訴求，所以完全取代了神本思想。

最高本質來自哪裡

周：探討信仰問題，一般宗教離不開靈魂。佛教不講靈魂，如何解決信仰的終極問題？

濟：佛教不認為有靈魂存在，以為世界的一切現象都是緣起的存在，沒有固定不變的特質，是無自性的。當然佛教也講阿賴耶識、佛性、空性，這是生命延續的載體，也是宇宙人生的最高本質。

周：眞如。

濟：佛教認為每個生命本來具足佛性，可以成就生命的獨立、解脫、自我拯救，無須依賴另一種外在力量。

周：在這點上，我覺得都一致。西方哲學認為人有靈魂，來自宇宙的最高精神本質，覺醒不是靠外來力量，而是靠你的靈魂。實際上，靈魂來源於宇宙的精神本質，所以從靈魂就可以發現你的來源。也就是說，它認為個體是

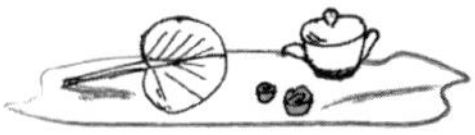

小我，但小我中有更高的我，說它是靈魂也好，佛性也好，總之是宇宙大我派駐在人身上的代表。每個人身上都有這個代表，透過和代表見面，受它的教育，就可以認識本性，和大我溝通，皈依大我。

在這個意義上，是不是可以認爲，包括佛教在內，還是有一個神本的背景。梵我一如也好，佛性、眞如和宇宙的溝通也好，不管說法如何，實際上還是承認宇宙和個體的精神本質之間存在著溝通，這個認識是一致的。

濟：這是一個比較大的問題，對這個問題的認識容易模糊和籠統，產生似是而非的結論——「這個是不是相當於那個，那個是不是相當於這個」，結果可能差之毫釐，失之千里。我們現在講到基督教，講到神和人的概念，首先要研究它原初的神和人是什麼關係；其次，柏拉圖的理念世界和現實人生的關係；第三，印度的梵我一如、大我與小我的關係；第四，佛教講空性，和智慧、覺性、佛性的關係。我認爲這裡差距很大。

佛教爲什麼說很多宗教無法眞正解脫？就是因爲對這些問題認識不清。哲學家多數來自猜測，一般宗教對神和人的認識相對模糊。原始宗教建立神的力量，從多神到一神，再到人的這些認識，有的來自宗教層面。但世間有各種各樣的神，很多神宣稱自己這樣那樣，事實究竟如何？此外，人在修行過程中會得到神的啓示，其中也包括假冒什麼神，或是民間透過扶乩得到神啓。所以在來自神的啓示中，似是而非的內容也很多。

哲學家的個人思考，如柏拉圖的思想，是一種推理，並不是實證。早期的泰勒斯等人，覺得宇宙應該是水或數字之類，也來自玄想。他們覺得必然要有本質性的東西，否則宇宙無法建立；而且人在宇宙中不能是孤零零的，一定存在某種連結。

其中很多東西，籠統地說，大體是相通的，但這就顯得比較草率。我覺得差別很大，不是一般的大。印度宗教有禪修的背景，梵我一如等思想就是立足於禪修。西方的宗教和哲學，有些來自神的啓示，有些來自哲學家的玄想，就像上次的對話——我們靠什麼認識世界。不同背景下的宗教家和

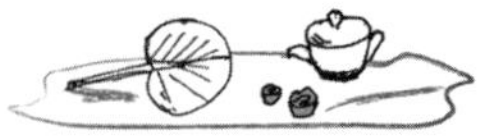

哲學家，認識世界的方法並不一樣，雖說內容可能有相通之處，實際上深入程度不同。

周：我覺得還是要弄清他們相同之處在哪裡，不同之處在哪裡。不同民族的宗教和精神傳統一定有共通之處，因爲都是人。共同的追求就是讓人超越世俗生活，有更高的意義。在這種追求中，雖然會形成不同宗教體系，但有共同的邏輯——強調人性有更高的層面，宇宙也有更高的本質，而且人性和宇宙的更高本質是相通的。我覺得一點都不奇怪，因爲都要追求更高的意義。

當然佛教有一點非常不同，否認有主宰萬物的最高力量。它所說的精神本體，用眞如或什麼來表達，只是語言而已，實際是無法說清楚的。說到底仍是空性，沒有本質的東西，最後是讓你認識到這一點。在空性這一點上，我覺得佛教最獨特，是任何宗教和哲學沒有的。

理性思考和修行體證

濟：剛才說到，人類的共同追求是探討宇宙和生命的本質。在探尋過程中找到終極歸宿，實現人生意義，這點我也認可。不同在於，哲學家是透過理性思考，宗教師是透過修行體證對世界做出解釋。

佛世時，印度有九十六種外道，對宇宙提出了不同的認識，佛經歸納為六十二見，包括世界有沒有邊際、生命有沒有開始等。這些認識來自宗教體驗，他們透過禪修看到什麼，就覺得是什麼。事實上，一切所見都是個人經驗呈現的影像，關鍵取決於認識本身。如果認識能力不足，由此形成的認識也會存在不同程度的問題。所以一種認識能不能使我們看清眞相，成就解脫——這樣的審視很重要。必須知道什麼是眞的，什麼是僞的；什麼是究竟的，什麼是不究竟的；什麼是有價值的，什麼是沒價值的。如果沒有分辨的智慧，很可能被誤導。

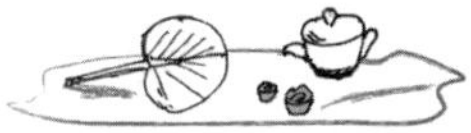

周：那你覺得，在人和世界的本質這個問題上，佛教和其他宗教、哲學最根本的區別在哪裡？

濟：我覺得有兩點，一是在緣起現象上說無我，說明萬物沒有固定不變的特質；二是告訴我們，每個生命有覺悟潛質，即佛性。

周：這個覺悟潛質和緣起是什麼關係？

濟：緣起是一種認識論。之前講到，自我有假我、我執、佛性三個層面。緣起是引導我們正確認識假我，進而擺脫我執，找到自己的本來面目，即佛性。如果看不清假我，就會陷入我執，迷失自己。

周：如果一切都是緣起的話，佛性是不是緣起的？

濟：佛性不是緣起的，但需要透過緣起的智慧去開顯，去認識。

周：眞如是不是緣起的？

濟：眞如也不是緣起的。

周：空性是不是緣起的？

濟：不是。

周：還是有不是緣起的東西。

濟：因爲它們不屬於現象。

周：那它是什麼？不是現象，也不是本性，是什麼？我看佛教書籍，一到這裡就想不下去。實際上很多學者在這個問題上想不清楚。馮友蘭、方立天談到這個問題時，是從固有思路去談，說這證明佛教是承認有神論、承認靈魂的，或者說佛教在這個問題上是矛盾的，都這樣解釋。

濟：凡夫的認識屬於意識活動，停留在現象層面。那麼超越意識和現象的是什麼？對活在意識層面的人來說，這個問題確實比較難，甚至難以想像。因爲意識只能認知有限的現象，而宇宙是無限的存在。

我們通常都活在意識中，一念接著一念，那麼當意識沒有活動時，生命是否就不存在呢？其實不是。因爲內心還有一種遍知的力量，它就像海洋，而意識活動不過是海面的浪花。當我們沒有相關經驗時，不會感到遍知的

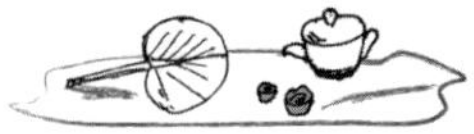

存在，這就必須接受禪修訓練，修定發慧，才能超越意識，體認念頭背後的遍知。它和空性是一體的，像虛空一樣無限，同時又含藏萬物，能生萬法。《六祖壇經》有很多相關描述，這種力量是可以體證的，不是不可以。

周：我的困惑在於，這樣一個眞如也好，空性也好，如果它不是緣起的話，那和佛教最基本的無自性之間，不就不能相容了嗎？

濟：佛教說緣起，是引導我們正確認識有爲法，並不是針對無爲法。有爲法包括世間萬物，也包括我們的意識活動，是有造作的，所以是緣起的。

周：內在現象和外在現象都是有爲法。

濟：都是緣起的，無自性的。其實佛教也常用「自性」這個概念，比如把佛性叫作菩提自性——「菩提自性，本來清淨，但用此心，直了成佛」。佛教否定的，只是我們在現象上安立的「本質」，因爲一切現象都是眾緣和合的假象，沒有固定不變的本質。

周：這一點西方哲學也承認，現象本身不是本質，而且現象有不同等級，有完全錯誤的假象，也有緣起的現象。

濟：唯識宗把現象分爲三個層面，一是錯覺的呈現，即遍計所執；二是客觀的呈現，即依他起；三是諸法的本質，即圓成實。對現象的正確認識，目的是讓我們擺脫錯覺。

周：三性的理論非常好，把認識分爲三個層面。但空性和佛性不是緣起的，這個概念超出我對佛教的理解。在我的理解中，佛法認爲一切都是緣起的，沒有什麼不是緣起的。

濟：一切現象和事物都是緣起的，但空性和佛性不是現象，不是事物。它是超越二元對立的，不是有，也不是無。

周：但它仍是個東西，否則的話，我們怎麼說它呢？

濟：所以叫「說似一物即不中」——你把它說成什麼都不合適，說了就不對。

周：這就是佛教神祕的地方，也是滑頭的地方。

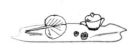

濟：一切表達和經驗都有片面性，所以它「唯證乃知」，或者說「如人飲水，冷暖自知」。

周：都有很大的局限性，而且會留下把柄，容易產生弊端。你說有，會執著有；說無，會執著無。所以佛教總是用否定的說法，不是這個，不是那個，都不是。

濟：對，佛教多半用否定。

周：這沒辦法，世界本身就是神祕的，這種表達方式可能最契合世界本來的樣子。

神本和人本能否統一

濟：周老師講到，蘇格拉底、柏拉圖曾做過哲學和宗教的連結。到文藝復興後，人本主義思想家們有沒有做宗教層面的連結？還是只關注人的幸福和價值實現？

周：實際上正好相反，要把人本和神學剝離。

濟：那人對宗教的訴求怎麼解決？還是乾脆擱置這個問題？我看有些人本思想家多少會建立一些連接，如天賦人權之類。是不是在當時的宗教背景下，這樣說才能讓大家更容易接受人本思想？

周：一般講文藝復興，是指義大利的文藝復興，主要是文學家、藝術家等，包括法國《巨人傳》之類的小說，表達人性和欲望的解放。文藝復興後的哲學家，有英國的培根、霍布斯、洛克等。因爲整個大環境還是基督教，儘管他們對宗教有一些批判，但還沒人敢說自己不信上帝。只是在表達自己的主要思想時，不管對自然界的認識也好，對人類認識也好，盡可能從理性、科學的角度來談，和神學有所剝離，不承認他們解釋世界的主要觀點。這樣的話，神學和宗教信仰就退居次要地位了。

在他們的著作中，會對宗教的一些說法提出修正，實際上是批判和改變，我認爲他們沒有試圖把兩者串通起來，把人本和神連接的作法，主要是笛卡爾、斯賓諾莎。笛卡爾的二元論提出最重要的兩個屬性，一是所謂的廣延，一個東西有形狀、品質等物質屬性；一是思想屬性，是從上帝那兒來的，人是有靈的。斯賓諾莎則是泛神論，認爲自然界有思維的屬性，這個屬性是從神那兒來的。

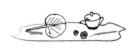

濟：就是說，他們還是要解決宗教的訴求，同時從哲學層面解決對本質的探索。如果單純立足於理性思維或玄想，不以禪定修證爲途徑，對這兩個問題是想不通的。

周：我的理解是，文藝復興後，從法國思想家笛卡爾到英國的思想家們，是以非神學的觀念來解釋世界，但在他們的哲學體系中，還是爲上帝保留了一定位置。在那個時代不可能做得那麼徹底，對他們來說，這是一種讓步，也可以說是過渡，過渡到完全以理性解釋世界。他們總體還是相信理性萬能，並不認爲理性有缺陷，還需要別的比如靈性去彌補。這是走到片面性了。

到現代以後，康德開始對理性提出懷疑——理性可以認識現象，解釋現象，但能不能把握根本？西方哲學思想從文藝復興開始稱爲近代，到康德是轉向現代的轉捩點，在他以後的西方哲學家，包括尼采、現在的存在主義等，越來越看到理性的局限性，對理性主義提出批判。

濟：可不可以說，整個西方文明中，神本和人本基本上是並存的？即使到現代也是如此。

周：可以這麼說。中世紀文藝復興後，人本主義崛起，雖然有些人對基督教提出批判，比如尼采就極力批判，但現在看來，基督教的信仰傳統還是比較穩定的。

濟：或者說兩者有互補作用，不能取代。一方面，西方人本思想無法解決宗教訴求；另一方面，隨著科學的發展，神本思想也無法解釋很多現象，無法阻擋人類的理性探索和欲望膨脹。這就使得人本和神本思想同時並存。

周：兩者確實不能互相替代。一個是解決世俗生活，一個是解決形而上的終極

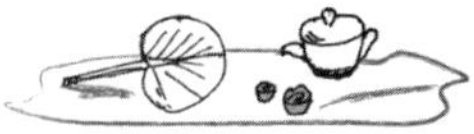

追求。他們把兩條線分開，世俗生活靠理性和科學解決，終極問題靠信仰解決。

濟：在佛教中，兩者是統一的。

周：所以佛教很獨特，可以把世俗問題和終極問題貫通。

兩種人本思想之定位

濟：從神本到人本的過渡，體現了西方人本思想和佛教人本思想的不同。前者重在理性思惟，缺少對無限性的體證；後者不僅關注生命的有限性，同時也關注無限性。所以在佛教信仰中，不需要給神本留下空間，這是理論本身決定的。

周：這確實是西方哲學的缺陷所在。因爲人本這條線實際上是對人的一種認識，認爲理性是人的最高本質，人是理性動物，是靠理性解決問題的。但不管是否承認，理性顯然無法解決終極問題，最後仍要保留宗教來解決。

但佛教並不把理性看作最根本的所在，認爲人有更深刻的東西，佛性也好，覺性也好，實際上是對心的認識。

濟：西方對生命的認識停留在理性，而佛教既重視理性，又超越理性，導向內在的無限智慧，所以既能關注有限的現實世界，也能關注無限的終極問題。這種區別是不同的認識方法所決定的。

周：看來這是東方哲學的特點。其實中國哲學也有天人合一，認爲人心和天的本質相通。到了禪宗，把佛教思想和中國的天人相通相融合，所謂心性相通。柏拉圖也有這方面的思想，認爲靈魂和宇宙本質、理念世界是相通的，並不純粹是理性，但後來的西方哲學往往是割裂開的。

濟：柏拉圖的思想是否可以理解爲哲學上的玄想？從基督教來說也不完全接受，可能會適當吸收這種思想來完善教義。

周：柏拉圖是比較複雜的哲學家，年輕時遊學埃及，受到埃及神祕主義的影響，很重視迷狂狀態。在那種狀態中他已經脫離理性，和理念世界合一。

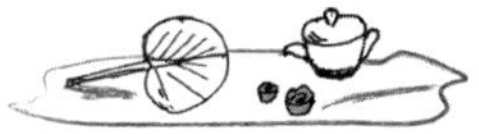

包括基督教認爲理性是有限的，達不到終極眞理，必須靠天啓，即上帝的啓示，也是靠一種神祕狀態。這種狀態和佛教的體證，是不是有類似之處？

濟：神啓、宗教體驗和禪修所證，說的似乎是同一個問題，其實差別很大。在宗教體驗中，哪怕是親身感受，同樣有很多迷亂現象，未必可靠，更不代表眞相。神啓也一樣，因爲神是形形色色的，有大神、小神、善神、惡神等。

周：對，還有邪教。

濟：所以宗教體驗未必就是正確的。對很多人來說，宗教體驗有很強的權威性，當你缺乏正確判斷時，它產生的危害更大。

周：這種情況佛教中同樣存在，是吧？

濟：從個體經驗來說，當然有深淺對錯。禪修中會產生各種幻象，甚至魔境，如果缺乏判斷標準，往往對這些神祕體驗感到好奇，就會跟著跑，或執著於此，很容易出問題。佛法特別強調正見，就是讓我們掌握判斷標準，知道如何應對。其實禪相只是修行過程中的信號，執著錯誤境界固然會出問題，即使是正常現象，包括進步，只要產生執著，同樣會使修行停滯不前。

周：這是方法論的問題，每一步都是有次第、有秩序的。

濟：就像我們去一個地方，如果知道終點在哪裡，路線和路標是什麼，往前走就是了，途中任何風光都不會干擾你。要是不清楚，走兩步就以爲到了目的地，甚至走到反方向去了。所以見地最爲重要，只要方向清晰，方法正確，總會到達終點。

人是什麼

周：在佛教看來，人的本質是什麼？其實這和第一個問題相關。

濟：瞭解做爲人的價值，知道應該實現什麼目標，會決定我們的選擇和生命發展，所以認識「人是什麼」特別重要。

周：按照佛教來說，人是緣起的，所以不要太在乎。

濟：緣起並不是說不要太在乎。

周：緣起是讓人超脫的。

濟：緣起是讓我們正確瞭解生命。比如剛才講到，關於人的定義會影響自己對未來的選擇。

周：人是複雜的合成體，有很多不同屬性，你強調哪一個，其實是爲人生規定了方向，樹立了價值標準。

人的不同屬性

濟：從基督教的角度，怎麼看這個問題？

周：基督教強調人是靈魂。

濟：是上帝賦予人靈魂吧？靈魂最終要回歸上帝身邊，這就是人的價值實現。

周：所以塵世生活實際上是天國生活的準備。它的價值就在於準備，要爲天國

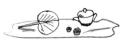

生活做一個好的準備。

濟：這是把哲學思想帶到基督教中，還是《聖經》就有這樣的觀點？

周：《聖經》很強調這一點，你不要積累地上的財富，要積累天國的財富。

濟：人類祖先在伊甸園時，上帝禁止他們吃智慧果，結果他們沒有聽從，被趕出了伊甸園。是不是說，上帝並不希望人學會思考？

周：上帝不希望人思考。吃了智慧果以後，人就有了理性認識能力，看到自己光著身子感到害羞，要圍上樹葉。他們被趕出伊甸園後，就吃不到更高級的果實，那是生命果，可以長生不老，人被剝奪了這種權利。

濟：基督教教義中，把《聖經》當作對人的拯救。

周：《聖經》分爲《舊約》和《新約》，前者是延續猶太教的經典，後者是由耶穌把原來的猶太教做了很大的改革，更能代表基督教的觀點。

濟：基督教的信仰總體還是強調因信稱義，信者得度，立足於信爲第一。

周：信仰第一，要信上帝。

濟：這個信就是聽上帝的話，聽耶穌的話，叫你做什麼就做什麼。我的理解，他們的修行主要是透過做善事，遵循《聖經》所說的信仰上帝及行善準則。

周：因信稱義更重要一點，是把信放在第一，義放在第二，對信仰的堅定性看得十分重要。也就是說，你要相信天國的生活，這是最根本的，不要太看重塵世生活。

濟：塵世生活是暫時的，天堂才是永恆的歸宿。你說的思考是爲回到天國做準備，有沒有把哲學思想帶進去？

周：沒有，它的關鍵不是思考。這裡強調的不是理性，而是「相信」這一點。現在的生活只是暫時的，是爲天國做準備，這點非常明確，完全不是靠理性，就是要相信，不要懷疑。因爲身體是暫時的、要死的，而靈魂是永恆的、不死的。

濟：靈魂才是生命本質，所以要過靈魂的生活，不要過肉體的、欲望的生活，對吧？所以基督教，尤其是天主教才主張禁欲。

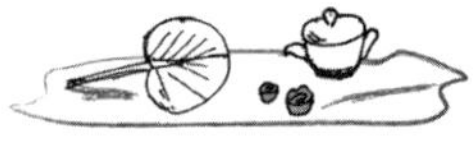

周：天主教教士是不能結婚的，基督教可以，大致趨向一致，雖然禁欲程度不一樣，但都是把靈魂生活看成更本質的東西，是目的所在。

濟：達爾文進化論對人的認識是另一回事，是從無機到有機、低級到高級。

周：達爾文承認他的學說有局限性。他提出假設——人是經由一步步進化而來，但他也承認，人的認識能力（大腦）是進化論中缺失的環節，進化論無法說明理性認識能力的來源。大腦是怎樣產生的？人的自我意識、理性認知能力是怎麼產生的？到現在爲止，還是一個空缺。

濟：進化論的物競天擇、優勝劣汰，極大地影響了人類發展。

周：自然選擇，生存鬥爭——翻譯成白話就是這樣。

濟：這種定位決定了人類必須在不斷鬥爭中生存。

周：人的屬性應該是分層次的。最基本的確實就是生物，是一種高級動物，和其他動物在生命、欲望上一樣，所以人有生物屬性。

再高一點，人有理性，有抽象思惟，形成了概念、判斷、推理這一套邏輯思惟。其實動物也有一定認識能力，但沒有概念、語言，在認識能力上和人有很大差異。這是第二個層次。

比認識能力更高的是道德，中國傳統儒家就是這樣看的。荀子說，「水火有氣而無生，草木有生而無知，禽獸有知而無義；人有氣、有生、有知，亦且有義，故最爲天下貴也。」水火是物質，但沒有生命；草木有生命，但沒有認識能力；禽獸（動物）也有認識能力，但沒有道德。到人就全都有了，也正因爲有義，故最爲天下貴。所以說，人的最高屬性是道德屬性。

西方也有這一觀點。柏拉圖認爲，人最後追求的是善。善是最高理念，其中也包含道德，是好的生活方式。康德更強調這一點，認爲人的認識、理性是有限的，不能認識事物本質，但人有一種能力已觸及世界本質，那就是實踐能力。人能爲自己的行爲立法，按照道德做事，這實際上是違背自然的。因爲自然法則是趨利避害，趨樂避苦，但道德是超越苦樂的，一定

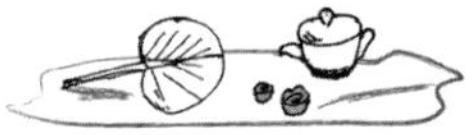

要行爲正當，否則他會難受。所以人有先天的道德情感，這是人最本質的東西。

更高層面是基督教的看法，即靈魂、信仰的層面。在這個層面，你和宇宙眞理溝通了。

這四種觀點中，有些因素存在於不同哲學中，包括天人相通，實際上也強調更高層面的、和宇宙本質相通的屬性。人是萬物之靈，在中國，最早是宋朝哲學家邵雍說的。萬物之靈就是能和宇宙精神溝通，是更高的。這樣分的話，人的屬性就可以分爲四個層次，即生物屬性、認識屬性（理性）、道德屬性、信仰屬性。

濟：西方人本思想比較強調人的哪些屬性？

周：文藝復興後的人文主義更強調的是第一、第二，即生物屬性和認識屬性，強調人的欲望和理性，批判道德和信仰，所以有失偏頗。因爲那時強調解放，而道德和信仰都是說服人的，讓人規矩一點。

人生的超越

濟：從佛法角度，對人的認識也包括這些特點。前面講到緣起，是一種認識論，代表對生命現象的認識——你怎麼看待生命？緣起的生命到底是什麼樣的存在，有什麼樣的內涵？

佛法強調人身難得，認爲眞理和智慧屬於人間。人之所以能開智慧、證眞理，都是因爲人有理性。衆生在六道輪迴，即生命的六個去向，此外還有四聖，爲佛、菩薩、聲聞、緣覺，共十法界。其中，人道是轉凡成聖的中轉站，所以這個身分特別可貴，是六道中其他身分乃至天人所不能及的。

佛教把人間稱爲娑婆世界，娑婆爲堪忍義，因爲世間有很多痛苦，所以一方面要忍耐，一方面要不斷認識自我和世界，進而避苦求樂，改善生命。在道德層面，佛教認爲人和動物最大的不同在於慚愧心。所謂慚，是立足於對自身的要求；所謂愧，是立足於對社會道德的認同。如果自身行爲達

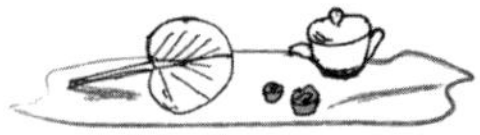

不到做人標準和公共道德，就會心生慚愧，所以慚愧是在道德基礎上產生的羞恥心。

周：就像孟子說的，「羞惡之心，義之端也」。

濟：整個道德的建立，一是來自對自我的要求，一是來自悲憫心。

周：就是同情心，生命對生命的同情。

濟：從同情心發展出慈悲，從羞恥心發展出道德。你對自己的期許越高，對道德的要求就越高。佛法中有不同層次的道德要求，如果你想成爲菩薩，就要遵循菩薩道的道德要求；如果你想成就解脫，就要遵循解脫道的道德要求；如果你只想做個普通人，也要遵循人天乘的道德。這些要求是立足於對自我的期許，我希望成爲什麼樣的人，就要有相應的道德要求。

周：期許很高就做不到，誇大了自己的能力。

濟：必然會有這種現象，但它會是一個努力的方向。人是多樣性的，有魔性、有貪瞋癡，同時還有本自具足的佛性，這是對生命更深層次的認識。在一般的道德層面，即使是行善，也會夾雜貪瞋癡，是有漏、有限、有缺陷的。所以世間善行往往帶著強烈的自我，甚至是功利心。

周：包括對自己的期許也是這樣，想讓自己的等級高一些，有一種自豪感。

濟：其實就是自我的重要感、優越感。如何去除這些雜質？單純靠意識是做不到的。因爲意識本身就夾雜無明和貪瞋癡，所以要啓動更深層、更強大的力量，有超越意識的觀照。

佛法對人性有完整而深入的認識，告訴我們生命是緣起的存在。而緣起代表著規律，所以要分析這個緣起到底由哪些元素構成，其發展規律是什麼，這樣才能正確選擇，斷惡修善。否則，我們往往在不知不覺中培養了很多負面力量。

從欲望到理性都有兩面性，關鍵是我們怎麼認識並運用。欲望可以成爲向上的動力，也會成爲爭鬥的根源；理性可以是追求眞理的手段，也會製造罪惡，成爲不良心態的助緣。我們瞭解生命構成的元素，對意識到潛意

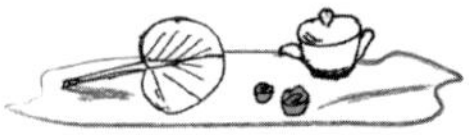

識、妄心到眞心有完整認識，才懂得怎麼改善它。

周：很全面，全包括進去了。但實際上，每種理論都有它的側重點，包括宗教、哲學的理論，對人性的認識有不同側重，然後將此做爲追求的目標。把欲望做爲人的最高本質，做爲應該追求的目標——可能不存在這樣的哲學，也不存在這樣的宗教。

當然很多普通人是這樣做的，把欲望做爲人生本質，把滿足欲望做爲人生意義之所在，但不會有一種哲學公開提倡，否則就很可笑了。宗教和哲學存在的價值，在於讓人提升到欲望以上的三個層面，而不是陷入欲望，這是哲學和宗教的共同所在。一般來說，西方哲學側重理性，中國儒家側重道德，而宗教更側重最高層面，比如基督教看重信仰和靈魂，佛教著重生命的整體覺悟。

濟：說到本質，佛教是側重智慧層面，以生命覺醒爲本質。佛教的所有道德，最終都是爲了導向智慧。

周：智慧的層面不可能歸到第二理性的等級，它是超越的，實際上是最高等級。超越等級的途徑不一樣，基督教是以信仰，佛教是以智慧，但都是爲了超越。

終極的歸宿

濟：信仰是方法，理性也是方法，透過這些方法最終抵達哪裡？基督教是抵達天國，佛教是引導我們體認內在的無限智慧。

周：到極樂世界。

濟：到哪裡無所謂，如果你已體認這種智慧，其實到哪裡都可以。

周：如果這樣理解，我覺得，智慧的生命本性就是淨土。

濟：也可以這樣理解。

周：往生西方淨土不是最終歸宿嗎？

濟：佛法並不以往生淨土爲最終歸宿，而是把它做爲過渡。比如有些人尚未對

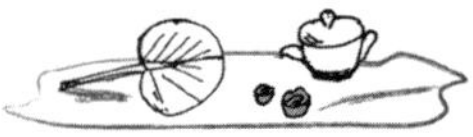

修行建立高度自信，無法保障自己不退轉，就要爲他提供一個環境，類似進修。

周：這不在我們這個世界上吧？

濟：不在。佛法把我們這個世界稱爲五濁惡世，投生於此的眾生形形色色，要在這樣混亂的環境中修行實在很難，一不小心就會造業流轉。所以阿彌陀佛發願成就淨土，爲大家提供繼續修行的方便。當然佛教也講人間淨土，「隨其心淨則國土淨」，當大家的心清淨了，社會自然就是淨土。

周：寺院是不是就這樣？

濟：能達到這樣標準的寺院並不多。

周：阿彌陀佛所建的淨土是物理世界嗎？

濟：是物理世界。

周：但還只是過渡？在那裡合格後上哪？

濟：對凡夫來說，我們有歸宿的訴求，就像在世間買到滿意的房子，才能安居樂業。但對眞正得大自在的人，可以在十方世界自在來去，因爲他們要做的就是度化眾生，而不是自己找地方建個安樂窩，所以到哪裡都一樣。當然也可以像阿彌陀佛那樣，發願創造淨土，成就大家到你那裡修行。

周：對得道之人來說，沒有去哪裡的問題，這就是他的家。

濟：總之，西方人本主義思想和佛教人本主義思想對生命的認識不同，關於人的權利、選擇、價值實現也不一樣。

個性解放和個人解脫

個性解放的思想基礎

周：談到個性解放和個人解脫，涉及對自我的看法。對人的本質有不同認識，人生目標也是不同的。西方有個人主義的傳統，按理論家的解釋，是從古羅馬開始的。古希臘時期，人是所謂的城邦動物，希臘人就是大集體中的一員，對城邦負有責任，遵守城邦法律，爲城邦做出貢獻，這是他們非常重要的價值。到了希臘後期，城邦開始解體，個人不再明確歸屬於某個集體，人的獨立性顯示出來。當時的斯多葛派認爲，人不僅屬於地上的世界，還屬於神聖的世界。在神聖世界中，每個人都是平等的，後來的「上帝面前人人平等」，就是由此而來。

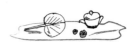

當時產生一種觀念：每個人一方面是神聖世界中平等的一員，另一方面又是獨立的個體，本身就有價值，而且個體和個體是平等的。在此基礎上，產生了自然法權的觀念。即每個個體都有天賦人權，老天給了他不可剝奪的權利，其中最重要的是生命權，後來再加上財產、自由等，都是不可剝奪的權利。

這個思想到古羅馬時期就比較成熟了。古羅馬有個偉大的政治家叫西塞羅，也是哲學家，著作很多。現在一般認爲，他是自然法理論的總結者：強調個體本身是有價值的，不能侵犯，人有權實現他的生命價值，這些權利屬於天賦，任何人都不能剝奪。這一思想流傳下來，形成了西方傳統倫理觀念的核心。

我總覺得，中國最缺個人主義觀念，向來是家族主義、集體主義。西方社會爲什麼比中國發達？根本原因就在這裡。西方和中國哲學思想、精神傳統的根本差別，也在於個人主義。他們在強調和尊重個人價值的基礎上，形成了法治社會，以個人自由爲最高原則，每個人都是自由的，有權實現他的價值。但這個自由是有界限的，因爲所有個人都有同等權利，你不能侵犯他人權利，否則就要懲罰你。

另一個差別在於西方哲學有形而上學，就是追根究柢——現象背後的本質是什麼？一定要把它弄清楚。這種思想形成了他們的信仰，討論世界是有終極本質的，最後的精神本質就是上帝，也是我們的來源。基督教信仰正是建立在希臘形而上哲學的基礎上。

我想，這兩點在中國都缺乏。中國哲學雖然有形而上學，但很弱。道家有一些，儒家基本上沒有，到宋明理學才比較多，個人主義則完全沒有。

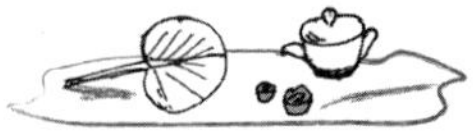

講到個性解放，其中的重要思想是個人主義，每個人都可以選擇自己的生活方式，實現自己的價值，哪怕千奇百怪，只要不侵犯他人，別人就管不著。同時，個人有追求利益的自由，而且法律要保護他的自由，其實就是市場經濟的思想，這就是個性解放的基礎，強調個人主義、個人價值。這可能和佛教的差別很大。

濟：剛才講到古希臘有個人主義的傳統，而個性解放主要來自文藝復興，這一思想出現的背景，是中世紀宗教神權和封建王權對人的束縛。我們講到解放個性，以及透過個性解放要實現的目標，能不能把它理解爲兩方面：一是關於人的創造力，一是追求幸福的權利。

周：創造力是它的結果，幸福是個性解放的好處。

濟：在宗教神權和封建制度的雙重壓迫下，一方面，追求幸福的欲望會被壓抑；另一方面，它有很多教條，使人無法自由發揮創造力。而個性解放主要達成兩點——一是激發創造力，我想幹什麼就幹什麼；二是追求幸福、享受欲望的權利，只要不傷害他人，並且在法律允許的範圍內。

周：對，隨心所欲。追求幸福也好，實現創造力的也好，都是對人性的尊重。尊重個性就表現在允許每個人用自己滿意的方式追求幸福、實現創造力。因爲每個人對幸福的看法並不一樣。

我認爲這是幸福，願意這樣追求，只要不造成別人的痛苦即可——實際上是強調人的差異性。而人性強調的是共同性，追求幸福是人們共同的願望，人有創造力也是共同的。但在實現人性的大方向上，我們注重差異性，鼓勵多樣化，允許每個人按自己的方式追求，只有這樣，人類才能幸福。如果規定統一的方式，那就都不幸福，或只有少數人幸福。

自由的社會保障

濟：西方強調個性解放，主要立足於社會層面。因爲在宗教神權和封建王權下形成的各種制度，是使人不自由的。人們希望有一個社會，可以讓人自由

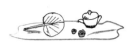

地張揚個性。

周：它有一個基本價值觀，是肯定個性的價值。在這個前提下，社會要創造讓個性自由發展的環境，即法治社會。法律不是隨便規定的，基本原則是保護個人自由，防範和懲罰損害自由的行爲。如果你損害他人自由，就是違法的。包括政府損害個人自由，也要懲罰，而且它重點放在防止政府侵犯個人自由。因爲在國家形態中，合法使用暴力的權力僅屬於政府，個人使用暴力是違法的。法治社會的重點，是設計一套制度，防止政府侵犯個人權利。

這裡有兩個層面，首先，承認個性本身具有價值，鼓勵人的多樣性，這是理論基礎。其次，設計一套社會制度來保護這一點。

濟：應該說，法律既保證人的個性自由，同時也防範人的劣根性，防止你在張揚個性的過程中，把劣根性表現出來傷害他人。

周：對，界限僅僅劃在傷害他人。只要不傷害他人，你怎麼發揮劣根性，自討苦吃，那是你活該。別人可以教育你，但法律都不能管你。這裡有個基本思想：人的行爲怎樣才算正確，怎樣才算錯誤，由誰來規定？如果由政府、權威規定，比如皇帝有至高無上的權力，規定什麼是正確或錯誤的，你有了錯誤行爲，就懲罰你，這會造成什麼結果？完全不可能有個人自由。所以必須有一個界定：政府可以管什麼行爲？就是當有人侵犯了他人的自由和權利時。只要沒侵犯他人權利，哪怕是錯誤行爲，政府可以教育，可以發表看法，可以用輿論來譴責，但不能用暴力制止。法治社會特別反對「政府爲人民創造幸福」的說法，政府沒有能力，也沒有權利爲人民創造幸福，幸福是每個人自己追求的。政府唯一的職責，是爲所有人追求幸福創造良好環境。這從理論上說非常完備，但眞的做起來太難了。

濟：從人類社會來說，個性解放的思想無疑是個進步，爲人們提供了更自由的環境，但在一定程度上成爲滋養劣根性的土壤。如果個人解脫是立足於對

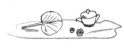

生命的關懷，那麼個性解放主要是立足於社會層面，讓人自由地過日子，外在背景來自宗教和政府。

周：它有一個思想根源，是從古羅馬開始的。

濟：思想根源和社會制度造成的不自由，讓人有了追求解放的訴求。

為什麼要解脫

濟：佛教所說的解脫同樣是有前提的，是來自生命本身的惑、業、苦。首先是惑，即無明、迷惑、煩惱，由此造業，最終招感苦果。人在苦果中還是看不清，還會繼續迷惑，繼續煩惱，繼續造業，製造新一輪的苦果。如此循環往復，無有出期。我們有沒有意識到這些？對這種生命現狀是不是滿意？如果不滿意，就要發心出離，斷除迷惑煩惱，建立清淨而非迷惑的生命相續。輪迴也包括社會現象，其根源同樣在於心。

周：西方人文主義比較積極、向外，強調個性的價值，認爲「你是有價值的」，希望把它實現出來。而且社會要保護這種實現，為它創造條件，這就使得西方社會蓬勃發展，非常繁榮。佛教個人解脫的前提，不是個人很有價值，而是個人有很多迷惑，是向內解決自身迷惑，預設前提是「你有問題」。我們想像一下，如果按佛教思想來建設社會，會是什麼樣的？

濟：淨土就是根據佛教思想建設起來的，是沒有任何副作用的理想社會。其實，佛教對生命並不是完全否定，而是客觀評估，指出它的兩個層面，一是雜染層面，一是清淨層面。而且不是開始就講解脫，還分人天乘、聲聞乘、菩薩乘的不同層次。

人天乘立足於因果原理，遵循五戒十善，透過佈施、持戒等善行建立自他和樂的社會。聲聞乘教義是讓我們看到，即使外在環境良好，只要還有我執和貪瞋癡，依然會有迷惑，依然被生死繫縛。從個人來說，雖然有了道德，但不等於有智慧，也不等於沒煩惱，並不是理想的生命狀態，所以進一步提出要淨化內心，成就解脫。進入菩薩乘，還要在個人解脫的基礎

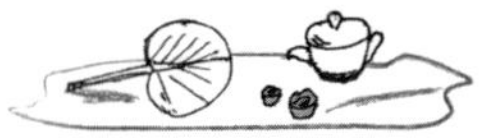

上修習慈悲，進一步自覺覺他。總之，佛法對生命的選擇和發展是多層面的。

周：各層面一致的地方是要解脫，消除內心的迷惑和貪瞋癡，讓自己有清淨心。

濟：人天乘還沒這個要求。

周：程度不太一樣。我想說的是，這和西方哲學差別很大，是不是各有價值？對個人欲望和獨特能力的肯定，是西方哲學的特點。這種肯定可以導致比較積極的人生，和人類多樣化的繁榮發展。如果僅僅按佛教的思路規劃，可能社會很安靜，但比較單一。當然，佛教對解決人因爲迷惑造成的痛苦和低劣品質有極大作用。兩者是不是應該結合起來，解決不同的問題？我覺得不能互相否定，可以把它聯合起來。

濟：個性解放和個人解脫有不同角度，解決不同問題。如果結合起來，透過解脫的教義去除人性的不良因素，再透過個性解放，幫助人們展現多樣的能力，當然是完美的結合，但事實往往不是這樣。

如果單純追求多樣性，多樣性本身是不是一種價值？就像今天的社會，可能比任何時代更多樣，簡直多得無以復加，結果卻讓人活得很累。如果我們以多樣性爲目的，其實有些盲目。我覺得，允許每個人展現自己的個性，從社會來說是一種文明，值得肯定，但僅僅以多樣性做爲價值判斷並不可取。因爲多樣性本身說不上好與不好，如果都是好東西，可能還好一點，否則就會如老子所說：五色令人目盲，五音令人耳聾，五味令人口爽。現代人有了那麼多便利，卻活得如此忙亂，壓力重重，其實和追求多樣性有一定關係。

周：我們限制一下，只說個性的多樣性，不是說現象的多樣性。其實對現代社會，西方哲學家有很多批判，其中一個很重要的批判，認爲這是單一的、壓制個性的社會。這是從工業化進程開始的，分工越來越細，每個人都成爲工作的奴隸，機器上的螺絲釘，這樣的話都沒有個性了。另一個原因是媒體的發達，造成人們思惟、標準的單一。實際上，媒體越發達，越占據支配地位，人就越單一，越沒個性。這種虛假的多樣性，也是他們批判的。他們強調的是，每個人的個性都能得到開發，所以現在這種新聞主義、媒體支配是很嚴重的問題。你想想，現在有多少是獨立的思想家、藝術家？非常獨特的很少，人們都在說類似的話。噪音倒是很多，那不是多樣性。

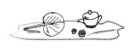

濟：從社會制度上說，在這個自媒體的時代，每個人還是可以相對自由地做他想做的事，表達他想表達的思想。

周：自媒體比大眾媒體好一些，能對個性發展起正面作用。但現在自媒體之間競爭得很激烈，要增加粉絲量，內容就要吸引目光，這裡就會有種單調性，非常膚淺，也有害處。

人的差異和共性

濟：剛才說到個性和人性的問題。個性強調差異，人性強調共性。

周：實際上，差異也是共性範圍內的差異，但每個人的天賦是不一樣的。

濟：個性是建立在共同的人性基礎上。某人可能在這方面天賦突出，其他人則表現在另一方面。總之，個性的表現方式，在不同人身上是有差異的，這種不同沒有好壞之分，只是體現個體生命的獨特性。因爲它獨特，所以本身就是價值。西方思想家在探討個性解放的過程中，有沒有對人性加以研究？他們對人性有什麼看法？

周：那是一定有的。每個關注個性問題的思想家，對人性一定有基本的看法，否則沒法說個性。比如尼采很重視個性，他年輕時寫的一本書就提出爲什麼要有哲學？他強調每個人都是獨特的存在，大自然不可能依照同樣的元素再組合一個你，所以每個人最重要的使命，就是實現自己，爲自己而

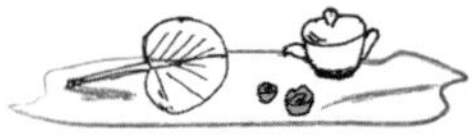

活。他說，絕大多數人不是爲自己而活，而是爲一種角色而活，是好丈夫、好妻子、好的工作人員，戴著面具、按照社會規範在活。這是不正常的。爲什麼？他說，夜深人靜時想一想，自己的生命只有一次，就會感覺這樣活不對，應該活出自己的特色。

之所以這樣，有兩個最重要的原因，一是懶惰，眞正爲自己而活，要付出艱苦的努力，而隨波逐流是最輕鬆的。二是因爲大多數人的懶惰，造成少數人的怯懦、害怕、恐懼。他們很想爲自己而活，可是多數人平平庸庸，如果你要做獨特的自己，一定會承受輿論壓力，被人們指責。他強調的另一點是，每個人身上有更高的自我覺醒，這是宗教、哲學、藝術表達的自我。尼采對人性的基本理論，是強調人性有兩方面：一是有健康的生命本能，一是人有超越的精神追求，即更高的自我層面。

濟：這個觀點是來自思考，還是由實踐經驗證明的？其中是不是也有模糊的成分？比如他覺得每個人都有超越的自我，那要怎麼認識自我、開發自我？

從心理學來說，有本我、自我、超我。在生活中，確實有很多人活在各種角色和社會需求中，爲他人、社會而不是爲自己活著。這樣就不對嗎？人是有多重性的，比如做好某個角色，原因可能是多方面的，有些來自本能，有些來自理想，也有些來自社會和教育。究竟什麼想法和願望能代表這個存在？自己未必確定。當然一個人在社會上，確實有不願做又必須做的事，也有很想做又不能做或沒條件做的事。那是不是說，我不願做的事就不代表我的想法，想做的事就代表我的想法？也可能你想做的事問題很大，是來自人的不良習性，甚至是犯罪行爲。所以這個想法是說不清楚的。

周：我們一定要把它說清楚，這是一個大問題，實際上確實是模糊的。成爲自己——我覺得這個問題很重要，也很難說清楚。到底什麼是自己？做了哪些事就代表自己？界限本身是模糊的，但我們可以用佛教的排除法——什麼是空性？這個不是，那個不是。我們也可以這樣來排除。

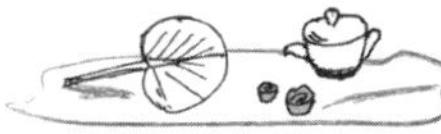

純粹因爲金錢做的，不是自己；純粹因爲職業要求做的，不是自己；純粹因爲他人命令、社會要求做的，你並不想做，做得很不愉快，那不是自己。一個人很難知道自己是什麼，但容易知道自己不是什麼；很難知道自己要什麼，但容易知道自己不要什麼。因爲那些強加於你的，你會很難受。這是一個過程，可以用排除法慢慢找到。

濟：從佛教角度來說，修行往往要經歷很多難受的過程，並不是一味順著自己的心，順著自己的習慣。因爲習性未必是對的，修行其實要不斷挑戰自己。

周：難受還有差別，一種是自己強加給自己的，我就要這個難受，爲了達到什麼目的；另一種是別人強加的，我眞的不想要，可是沒辦法。在這個過程中，我們慢慢可以知道，這事適合我做，我喜歡做，做了以後我的人生意義得到實現。產生這種感覺，你基本上可以知道，這正在實現自己。這種意義感，我覺得很重要。

濟：關於佛教和西方的人文主義，我們還可以找時間再談一次。

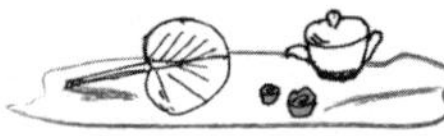

周：這很有意思。我覺得從人文主義的角度來看，佛教眞是非常獨特，這樣就貫通了。

濟：我們得出的結論是，把個人解脫和個性解放合在一起。

周：其實很難合，比如一個人事業有成，家庭美滿，同時內心又很平靜。這是合在一起的結果，可以體現爲——他既積極又平靜。

濟：大乘佛教有句話——以出世心做入世事。既能積極發揮入世的作用，但又有一份超然、無我、解脫的心態。

周：我覺得這特別棒。這樣做事很純粹，用出世心做入世事，是有距離感的。

濟：佛教講到悲和智，是「悲不住涅槃，智不住生死」。因爲慈悲，就不會沉浸於涅槃之樂；因爲智慧，雖然積極入世，又能超然物外，不被世間所黏著，這是大乘佛教的結合。《金剛經》開始就說：要度化一切眾生，但內心不覺得有眾生被我度化；要莊嚴無量國土，但又對國土相沒有執著。相反的，聲聞乘是偏向出世的一邊，世間的人文主義是偏向入世的一邊。

3
人與自我

—— 2016 年 12 月，北京。

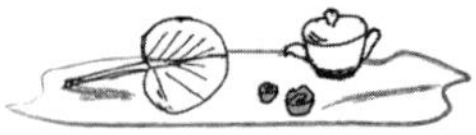

人生三大問題

濟：人生有三大問題，一是處理好人與自我的關係，二是處理好人與人的關係，三是處理好人與自然的關係。中國儒家關注人與人的關係，西方文化重視人與自然的關係，而佛教擅長剖析人與自我的關係，認爲這是一切問題的根本所在。

如果不能認清自我，將使人與人的關係變得複雜，人與自然的關係形成對立。儒家重視人間倫理，事實上，中國的人際關係複雜且未必健康。在西方文化中，人做爲主體去征服客體的自然，讓客體爲我所用，卻忽略了自我的提升。雖然物質條件改善了，但人心沒有改善，所以世界的問題還是很多，甚至更多。爲什麼儒家沒能透過倫理道德建構理想社會，西方哲學沒能透過探索自然找到世界眞相？我覺得根源就在於沒有認清自我，沒有處理好與自己的關係。

周：這點我同意，儒家文化確實過於注重人與人的關係，注重社會這一塊。這個問題可以分爲兩個層面：第一是自然也好，宇宙也好，世界眞相也好，是比較形而上的。第二是人與自己的關係，從西方來說，是處理好靈魂的問題；從佛教來說，是處理好心的問題。這兩點做好，社會一定是健康的。

我覺得儒家文化最大的問題就在這裡，兩頭都不顧。形而上的部分很弱，不去追問世界本相是什麼，修心也做得不夠。它雖然強調修身，但目的是齊家、治國、平天下，還是爲了解決外在問題，是在功用和目標很明確的前提下修身。這確實抓到了儒家文化的弊病和要害。

至於西方文化，不能籠統地說。我原來覺得西方在這方面解決得比較好。爲什麼它的社會發展比較健康？正是因爲兩頭都比較重視。向上注重世界本相，當然它們是有神論，最後走上基督教這條路，認爲世界有一個精神本質。其實，上帝無非是宇宙精神本質的代名詞。信仰上帝，信仰世界有精神本質，會把精神生活看得很重。向下則強調個人主義，西方倫理學有個核心觀念，即每個個體都很重要，不能以社會價值抹殺個體價值。

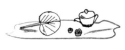

西方這兩點是儒家缺少的。一是形而上學，對世界終極問題的追問；二是個人主義（這不是我們貶低的個人主義，不是自私或個人利益）。有了這兩點，社會問題就容易解決。因爲有信仰，並且重視個體，就要建立一種制度，這種秩序是保護個人自由的，保護個人追求自己的合理利益，進而形成法治社會。如果社會既有信仰又有法治，一定是良性社會，對西方這個傳統，我會肯定得多一點。

個人主義導致的問題

濟：西方在人本主義思潮影響下，建立了民主、自由、平等、法治的社會制度。相對中世紀的神權統治，這些制度極大地促進了社會的進步和發展，但過分強調個人主義也帶來了另外的問題。神本思想主導時期，人們更重視精神追求，相應的，對物質的欲望就會降低，不會將之當作一切。而人本主義重視享樂和欲望滿足，在這個大背景下，信仰會相對弱化，其權威性也被現代科技所挑戰，變得越來越沒有說服力。甚至可以說，現代人的「信仰」就是享樂，就是欲望滿足。我們要爲這樣的「信仰」付出什麼呢？

笛卡爾之後，強調主客二元對立。以人爲主體，就會征服做爲客體的自然，無止境地從自然索取資源，服務於人類。以國家爲主體，就會侵略其他國家，掠奪更多資源，目的還是爲我所用，因爲國家無非是放大的個體。這種對立帶來了生態環境到世界和平等一系列問題。

周：這種情況在文藝復興後的確比較嚴重，包括近代啓蒙思想家培根強調「知識就是力量」，在人和自然的關係中，是把自然看成一個工具，可以爲我所用，可以支配自然、改造自然。隨著西方文明的發展，他們也在反省這種偏頗。我們起碼可以看到，現在的生態文明和環保觀念是他們率先提出

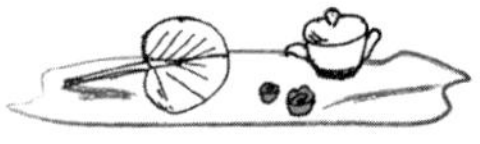

的，表示他們有這個思索。和西方哲學、基督教相比，佛法的卓越之處在於更看重個人的心靈修煉，最後的解決方式是解決心的問題、解決認識的問題，這是西方系統中沒有的。

濟：隨著現代文明的發展，各種問題正陸續顯現，西方知識分子也意識到這一點，開始宣導生態環保，並提出深層生態論、生態中心主義等觀點。這些思想在東方文化中早已有之，比如中國說天人合一，佛教說依正不二，都是把自然和人視爲一體，和人類息息相關，而不僅僅是生產資源的提供者。

周：生態中心主義就是不再以人類利益爲中心，而且反對這一點。生態問題開始引起重視，是爲人類的未來考慮：不能爲眼前利益損害長遠利益。再進一步說，宇宙萬物都有各自的權利，人也是萬物之一。

濟：人是生態環境的一部分。

周：是平等的一員。

濟：關鍵是物質文明的盛行，已讓人習慣於它所帶來的方便，也把人的劣根性縱容出來。在這種情況下，只是少部分人提出口號，力量不會太大。比如現在要人不開汽車，不用空調，能不能做到？從佛法角度來說，這種文明以及帶來的問題，已成爲社會的共業，就像開啓了力量強大且自動運行的系統，人在其中是難以自主的。

物質文明發展應該遵循的「度」

周：從另一個角度想，如果沒有經歷物質文明的階段，人們一開始就按佛教或道家的觀點，把最簡單的自然生活延續下來，這些問題就不會出現。但人類會走這樣的道路嗎？我的意思是說，或許這樣一個有很大問題的物質文明的階段，是不可避免要經歷的，然後才能意識到問題所在。

濟：既然現代文明已經出現，也可以說它是必經階段。如果沒出現會怎樣呢？中國古代也有先進技術，但先賢看到了其中潛在的問題，莊子提出：「有機械者必有機事，有機事者必有機心。」這種機心不僅擾亂自心，也與大道相違，就不會繼續往這個方向推進。但西方人本主義鼓勵人在最大限度上享受欲望，充分展現自己的天賦和才華，在這種文化的鼓勵下，才會把人的潛能全部激發出來。

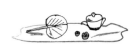

周：我的問題是，這樣是不是完全不好？如果人類按照佛教或道家的要求，一直處於清心寡欲的狀態，是不是就好？這種價值判斷應該怎麼做？

濟：好與不好，應該從整體而非局部的發展來看待，以長遠而非眼前的利益爲標準。比如地球的生態環境如何？人類能否幸福、健康地生存其間？現代文明確實帶來極大便利，對我們很有吸引力，但也讓世界危機四伏。如果唐朝就有現代文明，地球還能不能延續到現在？

周：如果唐朝是這樣的話，我們到明朝就會意識到問題並開始改變，就像現在的西方一樣。人類還是有理智的，能看到自己的長遠利益，進而解決問題。

濟：當人類有了這麼大的能力後，由此帶來的問題，還在人的管控範圍嗎？人有能力管住自己的心嗎？即使你可以管住自己的心，能保證所有人管住自己的心嗎？

周：這就得靠制度了。認識到這個問題，然後把它變成一種秩序。

濟：現在所說的問題已經超越國家，是全球性的，並不在現行制度的範圍內。比如有些國家或當權者爲了自身發展，不斷向外掠奪，這種掠奪加劇後，必然會引發戰爭。在過去的戰爭中，傷害只發生在局部地區，但如今的現代化武器足以把地球毀滅幾十次，一旦發生這些戰爭，絕不在人的管控範圍。

周：如果可能的話，像佛教和道家要求的生活狀態，人們知足常樂，物質要求很低，生活很單純，我是很能接受的，但整體來說可能嗎？我覺得要從現實來看，人這樣一種生物，不僅有欲望，而且有理智來助長欲望，一定會發展出物質文明，這和其他動物不一樣。

這就涉及「度」的問題。物質文明應該擁有什麼樣的節奏，發展到什麼樣的程度？您剛才說的，到了最後，一旦超過人的掌控能力就很危險。但我不知道，現在是不是已經到了這樣種程度？

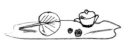

濟：現在是進入聽天由命的時代。當然，這是一個假設的問題。

什麼能代表「我」

濟：回到人與自我的話題，從哲學的角度，怎麼理解自我？

周：其實中國哲學對這個問題的探討不多。就西方哲學來說，對自我問題引起重視，也是比較晚的事。

濟：我覺得，對自我的定義很重要。說到自我，否定還是肯定，忽視還是重視，關鍵取決於「什麼能代表自我」？

周：對。「自我」這個概念的產生，首先基於一個事實：做爲人類的個體，都有自己的身體和意識。這個身體是別人無法代替的，意識也是別人無法代

祖靈的女兒

排灣族女巫包惠玲Mamauwan的成巫之路，與守護部落的療癒力量

口述／包惠玲（嬤𥑮灣Mamauwan）
撰文／張菁芳
定價／460元

★ 要成為女巫，需要有特殊的能力和身分？還是有心就能學會？

★ 女巫究竟是怪力亂神？還是鞏固、療癒部落的中心支柱？

包惠玲自從小時候目睹父親溺水身亡，便發現自己具有容易感知及接收夢兆的靈媒體質。二〇〇七年達仁鄉公所破天荒地開辦了全台第一屆「女巫培訓班」，讓她開始了這條漫長的習巫之路……

背誦經文、繁雜的祭儀程序、被附身的恐懼皆讓包惠玲在這條學巫之路舉步維艱，但秉持著頭目本家的責任感，和看著部落面臨女巫短缺的困境，她終究還是接下首席女巫的大任。

延伸閱讀

風是我的母親
一位印第安薩滿巫醫的傳奇與智慧
定價／350元

祖先療癒
連結先人的愛與智慧，解決個人、家庭的生命困境，活出無數世代的美好富足！
定價／550元

佛陀的女兒
蒂帕嬤

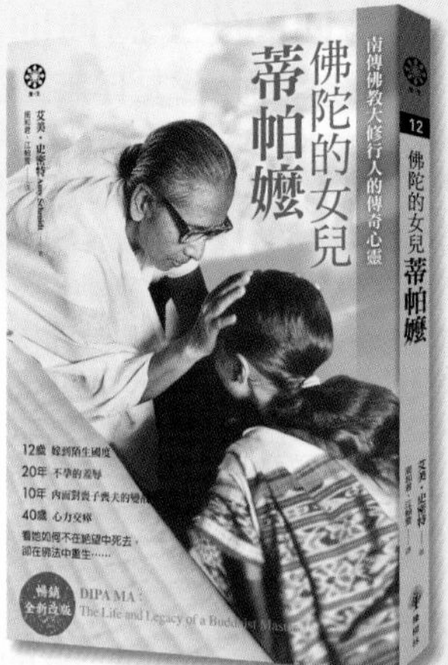

作者／艾美·史密特（Amy Schmidt）
譯者／周和君、江涵芠
定價／320元

～AMAZON百位讀者5星好評～
中文版長銷20年，累銷上萬本

無論我們內心有多麼失落，對這個世界有多麼絕望，不論我們身在何處，蒂帕嬤面對曲折命運的態度，一次又一次地展現了人性的美善與韌性，療癒了許多在悲傷憤怒中枯萎沉淪的生命，更重要的是，她從不放棄在禪修旅程中引導我們走向解脫證悟。

延伸閱讀

森林中的法語
定價／320元

與阿姜查共處的歲月
定價／300元

橡樹林全書系書目
橡樹林好書分享
橡樹林

替的。意識也包括自己的記憶，是獨一無二的，他人不能共有這種關係。我認為這是自我產生的前提，這種根本差別是不能混淆的。你用什麼去命名它？就是「自我」。

每個人都是一個「自我」，儘管說「自我是一種現象，是不斷變化的」，但一個人從出生到死亡的過程中，做任何事都知道「我在做」，哪怕有些事忘了。不管怎樣，他所有的記憶、意識、情感、情緒都有統一的中心。誰在感受這些東西？誰在進行這些意識行為？只能說，是一個「我」。當然這是從現象而言，用康德的概念，這叫統覺。人的意識有一個統覺，把它綜合起來的中心，就是自我意識。當這個生命死了，離開這個世界，不會有任何一個人感到「我就是他」。當然你可以說輪迴，也有人模糊地感覺到這一點，但絕不是普遍現象。通常來說，一個自我消亡了，那麼他的意識也隨之消亡，不可能轉移到另一個生命。從這些現象，我們都承認說，一個人的身體和行為是有中心的，這個中心就是「我」。當然你深刻

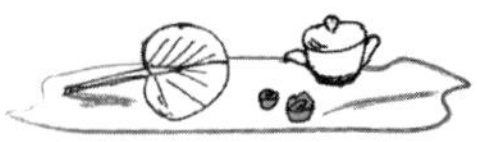

地分析起來，說這個「我」是一個固定的「我」，很難說有沒有道理。佛教早就提出，這個我是假我，是虛幻的我。後來尼采也有這個觀點，認爲自我的概念在哲學上是一個錯誤。爲什麼西方哲學一定要尋找現象背後不變的本質？首先是對自己內在意識的錯誤理解造成的。我們認爲，我想什麼都是「我在想」，做什麼都是「我在做」。但他覺得，這是受到因果概念的誤導。我的想法也好，行爲也好，情緒也好，都是果；前面有一個因，就是「我」。

這個因果概念是怎麼產生的？他認爲是受語言的誤導。因爲我們講話時有主語和謂語，一切謂語都得有主語——這個主語就是「我」，由我來做所有的行爲。也就是說，一定有主導這些作用的東西。事實上，我們對意識的瞭解完全是錯誤的，意識不是這樣的因果關係，而是很多情緒衝突的汪洋大海，並沒有一個主體。他是這樣分析的，其實很深刻。這個思想有點接近佛教——人的情緒、意識沒有一個主體。

僅從現象來說，我想大多數人都覺得，雖然我不是外在的地位、財產、事業，但內在的記憶、情緒、思想總得有一個主體吧？這就是「我」。所以說，產生自我的概念是很自然的，哪怕是一個假象。

濟：這確實和佛法接近。從緣起的層面分析，自我是系統的運作，是多元、複合的作用。儒家是立足於社會的倫理建設，探討個人的職責和價值，而不是從生命本身來談。在印度文化中，則是把大梵天當作大我，把個體生命當作小我，透過修行達到「梵我一如」的境界。

唯有佛教直接提出「無我」。從中觀到唯識，都在破斥這個恆常不變、不可分割、有主宰力、不依賴條件獨立存的「我」。包括其他宗教所說的神我，基督教所說的靈魂，都是獨立於生命體之外的，可以分離並主宰生命體。這和佛教所破的「我」是同一個概念。

佛法認爲，生命的存在包括身、心兩部分，又稱五蘊。其中，身體爲色蘊，心理爲受蘊、想蘊、行蘊、識蘊，相當於情感、理性、意志、統覺。

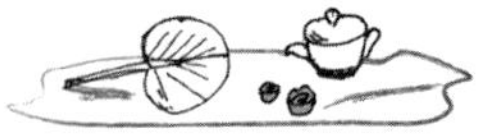

對於人們執著的「我」，佛教的質疑是：這個存在是即蘊還是離蘊？如果生命體中有這樣一個「我」，它究竟是五蘊的某個部分，還是五蘊之外的某個存在？透過對五蘊的審視，我們可以發現：離開緣起就找不到五蘊，更找不到所謂的「我」。如果在五蘊之外，那和五蘊是什麼關係，和生命又有什麼關係？所以「無我」還告訴我們，生命其實是系統的作用。

當然佛教也承認有一個假我，而且這個假我是千變萬化、各不相同的。因爲系統的綜合作用，構成個體的獨特性。但這個獨特性只是條件的假象，是隨著積累而變化的，既可以改善，也可能變糟，其中並沒有做爲主宰的「我」。

自我的價值

周：這樣的話，個體生命的統一性在哪裡？

濟：對自我的認識有兩個層面，可深可淺。既可以上升到明心見性，代表對覺

性的認識；也可以是現象層面的，代表無盡的積累。我們今天坐在這裡，以這種方式存在，是由往昔和今生的因緣共同構成的。

佛法並不否定生命現象的存在，而是否定我們對現象的錯誤認知。因爲看不到生命是系統的作用，我們把假我當作眞我，認爲其中有恆常的實體，這是一切煩惱的根源所在。這些煩惱又會成爲緣起自我的一部分，使我們帶著煩惱去看自己、看世界，最後

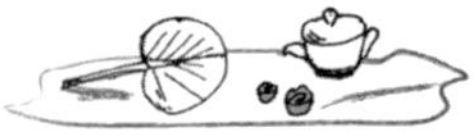

越來越看不清楚。修行就是要擺脫誤解，認清緣起假我的眞相，這不僅是修行的基礎，也是迷惑和覺醒的分界點。

周：這裡有一個自我價值的問題。西方哲學很強調實現你自己，這是比較積極的人生態度。如果看清「我」是假的，是緣起的產物，那它的價值在哪裡？會不會有進取的動力，要對這個「我」負責，把它的價值實現出來？從佛法角度看，實現自我價值的動力在哪裡？

濟：「我」雖然是假的，但並非不存在。現在說話的這個生命體就是假我，它能產生作用，也有種種感受，這些都是存在的。之所以要看清假我，因爲這樣才能認識覺性，找到自己的本來面目。

周：既然是假的，我就隨它去。

濟：如果不改變，這個「我」會不斷製造事端，帶來煩惱，讓人陷入負面情緒，難以自拔。這些痛苦感受是眞切的，躲都躲不掉，也不會隨著物質條件的改善而消失。你有什麼樣的假我，擁有什麼心態，是充滿慈悲心、利他心，還是充滿瞋恨心、嫉妒心，對自己乃至他人是完全不同的。

周：不要陷入假我，負面情緒都是因爲陷入假我。但西方人有個很強烈的觀念——生命只有一次，而且你的生命是獨特的，一定要把它的價值實現出來。這是很大的動力。如果看清是假我的話，就會失去動力，那用什麼動力來代替它？剛才講到，對假我的認識，從修行來說是一個動力，可以認識眞相，求得解脫。但一個人要在社會上實現自己的價值，動力在什麼地方？

濟：是什麼樣的動力？這個問題要一分爲二。一方面，生命只有一次，所以要實現自我的獨特價值；另一方面，既然只有一次，有人就會想著「我死後哪管洪水滔天」。佛教認爲緣起的生命現象是假我，同時指出生命不是一次，而是在輪迴中不斷流轉。由過去的積累形成當下的你，現在的積累形成未來的你。這種積累不會因爲一期生命的死亡而結束，所以人一定要對自己的心行負責，否則一切果報將回到自身，生生世世地糾纏著你，如影

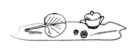

隨形。

如果沒有因果觀念，僅僅看到現世，人就可能爲眼前利益不擇手段。事實上，這是當今社會道德淪沒的根源所在。當我們瞭解到所有言行必將成爲生命的積累，並由自己承擔一切後果，自然會謹言愼行，而不是跟著感覺走，更不會恣意妄爲。這麼做不僅是對別人負責，更是對自己負責。

從佛教來說，價值是體現於生命內在。如果一個人的生命是良性積累，就是最大的價值所在，不僅對個人有價值，對社會大眾也有價值；如果一個人的生命是負面積累，首先會傷害自己，進而傷害他人。外在的一切，不論是文藝創作還是科學發明，只是我們完善自身過程中的副產品。我們講哲學，講科學，都要立足於因果。佛法是從心靈因果和生命延續的層面，引導我們實現人生價值。

周：就是對我的下一世負責，對我的未來世負責，這是一個動力。

濟：不僅是下一世或未來，還包括當下因果。如果生命是負面積累，當下就不可能過得好，今生也不可能過得好。

個性、多樣性和獨特性

周：西方人特別強調人的個性、多樣性和獨特性。尼采說的「實現你自己」正是強調這一點——每個人都是獨特的，把這個獨特性實現出來，就是豐富多彩的世界，這本身就是價值。英國哲學家約翰·穆勒也說，個性的生長發展，本身就是人類幸福的重要因素。如果每個人展現出多樣化的個性，得到良好發展，就是讓人幸福的社會。他們非常強調獨特性和多樣性的價值。但從佛教角度來看，一切都是假我，不同個性只是現象層面上的，那怎麼看待個性、多樣性和獨特性的價值？

濟：佛教講緣起，就是讓我們尊重世界的差別。每個生命有不同的緣起，必然表現爲不同的個性、多樣性和獨特性。但這種差別或個性本身是不是價值？我想，西方哲學家強調個性本身的價值，是不是出於某個背景？比如在專制、神權的統治下，人的個性被長期壓抑，一旦得到釋放，就會特別宣導個性的價值，就像矯枉過正那樣，屬於特定時期的特定情況。

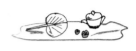

從佛教角度來說，個性、多樣性和獨特性只是代表生命現象的差別，是中性的，本身不應該成爲一種價值。生命的價值，在於良性的品質、健康的身心，在於智慧和慈悲，這才是有價值的。

如果一味強調個性，而不是從善惡等標準加以揀擇，負面心行也會得到滋長，甚至失去控制，爲表現自己的獨特而不擇手段，不惜走上犯罪道路。我覺得追求個性不是問題，關鍵在於追求什麼樣的個性，爲追求個性做些什麼。如果不強調這一點，會有很大的弊端。

周：是，個性獨特不一定是價值，也可能是病態的。如果我們去掉善惡、道德的判斷，個性多樣性本身是中性的。但從社會角度來說，如果能容忍並鼓勵個體的多樣性，不管它是好的還是壞的，健康的還是病態的，都允許它們自由生長，只要不侵犯他人利益即可。這種寬容和自由就是價值。

濟：這點我也同意。在緣起的生命中，東方文化和西方文化有不同側重。東方文化更多是講天人合一，強調人的社會性和共同性；而西方文化更多是講個性解放，強調人的獨特性和多樣性。人本主義尊重生命的差異，相對專制統治下的沒有自由、抹殺個性，讓思想統一在框架下，從道德判斷來說是可貴的，從社會體制來說是進步的，確實給人類發展帶來了福祉。但宣導個性解放也導致個人主義盛行，使社會亂象叢生。所以關鍵是有智慧文化的引導，這樣才能在發展個性的同時，建立正向的心態和人格。這一點，不論是對個體生命還是整個社會來說都很重要。

發展個性的利弊

周：我覺得這兩方面並不矛盾。一方面是尊重個性自由發展的權利，一方面是尊重他人，彼此都有做人的尊嚴。個性解放不能否定對他人的尊重，兩者可以統一起來。

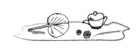

濟：但統一背後包含矛盾和衝突。如果道德教育、個人修養等方面跟不上，當個性發展到一定程度，只要條件允許，就可能侵犯別人。在社會和世界舞台上，這種侵犯的危害是很大的。

周：我覺得這不是眞正的個性發展，是欲望膨脹。

濟：欲望也會成爲個性的一部分。

周：這就是定義的問題。怎樣才算個性的發展和多樣化？我說的個性不是欲望和利益層面的，而是從人的稟賦、對社會的價值來說。每個人有不同天賦、特點和擅長，把這些展現出來就是一種價值，爲人類生活的多樣化貢獻了一份力量。

濟：在人的心靈世界，當這些因素產生作用時，可以分得清嗎？

周：我們把它分清楚，不讓它混淆起來。

濟：當事人是分不清的。當它們產生作用時，其實是一個系統在共同產生作用。

周：只要不和他人利益衝突，不損害到社會利益，哪怕他的個性很病態，發展出來會損害他自己，那是他的事，我們用制度來限制那些對他人和社會的損害就行了。但有了這樣一個氛圍，個性中好的東西才能發展出來，人類的精神創造、文化藝術才能繁榮。如果沒有個性，是繁榮不了的。當然，鼓勵個性發展必然會有副作用，可以用制度和法律來解決，但好作用更重要。

濟：我同意這個說法。比起過去專制的社會政治制度，人本主義思想確實先進了很多。但在個性解放的同時，各種心理有了出口和發展平台，應該透過智慧文化和道德教育，引導人們做出選擇，造就良好個性，這是社會健康發展的希望。

周：不能因噎廢食，因爲可能產生副作用，從根本上把好的否定掉。我之所以強調這一點，是覺得中國長期的宗法社會太貶低個人了，尤其對精神優秀的個體壓抑得非常嚴重，毀掉了很多本來可以是菁英的人，這個損失非常

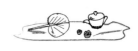

大。所以有必要強調這一點，對個性不能有太多批判，還是要給它一個空間。

濟：中國文化過分強調社會性，抹殺個性；而西方在人文主義思想影響下，特別宣導個性，近乎縱容。

周：不一定是衝突的，怎樣讓兩方面統一並平衡，其中有制度設定的問題。

濟：對個性的引導，來自對生命自身的認識，需要有大智慧。儒家思想承擔不起這個責任，缺乏認識生命的深度。只有佛法智慧才能讓我們看清，什麼是需要發展的，什麼是需要管理的。

周：正是如此。佛教傳入中國後，出現了很多個性優秀的大文學家，如謝靈運、李白、蘇東坡等，都受佛教的影響很大。魏晉南北朝的文學、哲學都很棒，也和佛教在當時的盛行有關。

濟：我們講魏晉風骨，可見魏晉那些人是很有個性的。

周：所以佛教對個性還是有好處的。

濟：佛教首先立足於對個體生命的關懷和認識，在此基礎上，再來談社會的健康和諧。

周：它實際上是對中國宗法傳統的一個突破，因爲宗法統治太厲害了。佛陀是以一個生命個體向宇宙提出問題，然後解決問題。

理性和宇宙之理

濟：從形而上學的層面，哲學是怎麼認識自我的？

周：把自我分成現象和形而上兩個層面的話，我覺得思路大同小異。當然，個體生命不管獨特到什麼程度，都是一個現象，這點有共同的認識。但背後有沒有本體？從西方哲學來說，人的本質就是理性，亞里斯多德把人稱爲理性動物，認爲人最本質的特徵就是理性。這個理性來自哪裡？是和宇宙理性相對應的，這是它的本質，從亞里斯多德到斯多葛派都是這樣的思路。英國哲學家不關心形而上的問題，德國哲學家是關心的，其實也是這

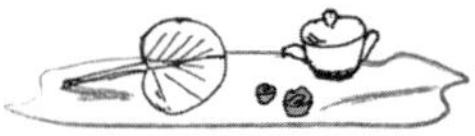

個思路，背後最根本的東西是理性。這和中國的宋明理學差不多。宋明理學強調理是世界的本體，理在心中，人心中的理和宇宙之理是對應的，可以溝通。在現象的自我背後找本質的話，一定不是小我，是大我。對大我的定位不太一樣，哲學比較多的定位在理性，柏拉圖處於中間，認爲理念世界背後的，實際上的還是概念。後來基督教利用它，把理性變成神祕的東西，就成了上帝。所以無非是這兩個，一是理性；一是神祕實體，即上帝，那就不是哲學，是基督教了。

濟：西方說的理性，和宋明理學說的理可能不是同一個層面。理性偏於認知層面，而理是代表宇宙的內在規則。

周：西方哲學的理也有這些涵義，認爲宇宙是有秩序的，這個秩序就是它的理。

濟：這和柏拉圖說的理念一樣嗎？

周：柏拉圖是很特殊的人，雖然他開創了西方的傳統。從開創傳統來說，他的世界本體也是理性，是概念。柏拉圖說，世界萬物都有一個名稱，也就是概念。但概念在世上並不存在，都是個體的存在。那概念從哪兒來？柏拉圖認爲，我們曾經在理念世界，現在來到世間，還有一點回憶。所以他說知識就是回憶，回憶到我們之前接受的概念，這些概念是有實體的，在另一個世界，而不是我們現在的世界。後來把另一個世界變成天國，那裡有上帝，就和基督教聯繫起來了。

柏拉圖的後繼者亞里斯多德等，沒有把理性、概念等賦予那麼多神祕色彩，但他們強調世界是有秩序的，宇宙是有秩序的，這個秩序就是理，我們頭腦中的概念和世界秩序是對應的。這個思想到德國哲學家萊布尼茲講得更清楚了，認爲人心和宇宙之間本來就存在前定的和諧關係。另一個哲學家沃爾夫說，宇宙是一個鐘，人心也是一個鐘，它們是同時開始的，所以時間上是對應的，是兩個同步走的鐘。實際上都是想說明，人的認識能力和宇宙是有關係、有聯結的。

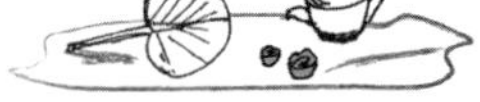

存在還是本質

濟：從西方哲學的角度，如果人找不到自己，意味著什麼？或者說，如何認識自己，尋找自己？

周：這是西方哲學關注的重點。如果不能認識自我、實現自我的話，人生就沒有意義了。實際上，是把人生意義重點寄託在實現自我價值，即發展並實現個性和獨特性。當然，它不是完全歸結爲自我實現，因爲他們有信仰，也有更高層面的意義。

濟：這不是找到自我，而是透過建立一個自我來完成人生意義。如果說要找到自己，必然面臨「究竟什麼代表我？」的問題。如果只是建立一個自我，可以透過某種標準來建立情感、意志、能力、成就等。

周：傳統西方哲學強調，自我是建立在每個個體的獨特性上，不同個體的稟賦不同，所謂的找到自我，是說你知道自己的稟賦是什麼，讓它完成。好像那是萌芽，你讓它生長，就算實現自我，並不是說這個自我是憑空建立、沒有基礎的。他們認爲，人獨特的稟賦就是基礎。發展到二十世紀，開始認爲個人沒有這麼一個預先設定的東西，尤其是法國哲學家沙特特別強調「存在先於本質」，就是你生下時並沒有本質，沒有固定的自我，首先是存在。他認爲人的自由就在這裡，所謂本質是自己建立的，你可以選擇自己的本質。

濟：這樣一個自我，和佛教所說的「緣起假我」相似。每個人都有理性，可以透過對自我和世界的認識，來選擇並發展這種稟賦，把現有生命的優秀潛質發揮出來，進而實現自我。這種選擇形成了個體生命的獨特性，但並不是絕對的。從佛法角度說，理性也是緣起的，會隨著認識不斷改變，可能優化生命，也可能不斷墮落，造成畸形、不健康的獨特性。

沙特所說的存在先於本質，也是透過思想、認識，不斷賦予這個存在以內涵，以特質。我們賦予的這些就構成自我的存在，這個存在同樣是緣起

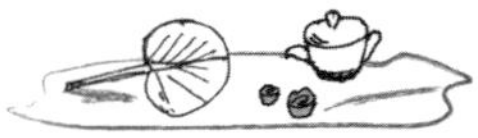

的，不論是從獨特性的角度，還是存在先於本質，其實都是緣起的，並非固定不變的。所以佛教稱之爲假我，而不是你的本來面目。

周：這一點，西方哲學家也可以承認。在現象層面，緣起造成了這樣一個我，而緣起本身是變化的。條件會變化，原因會變化，由此造成的自我也在變化中。要問的是，假我後面有沒有一個眞我？我覺得，對這點完全肯定的就是基督教，哲學上沒有很肯定的回答，只有客觀唯心主義會告訴你，小我背後有不變的精神本質，可以說是理性秩序，也可以說是柏拉圖的理念世界。在某種意義上，相當於靈魂的概念。

因爲緣起的我在變化，總得有一個東西在變。什麼在變？就是那個不變的——一個永恆的自我，也就是靈魂。佛教講無我，否定靈魂的存在。我最近看佛學家呂瀓和方立天都提到這個問題，說佛教否定靈魂，但又講輪迴，他們認爲這裡有矛盾。這個問題我原來也提到，我覺得您的解釋還比較有說服力。但方立天提出，這其實是個矛盾，佛教在發展過程中就想解決這個問題，所以除了強調「無」以外，又強調「有」，背後還是有不變的本質，阿賴耶識就有靈魂的特點。

濟：哲學對自我的建立，還是停留在現象層面的思考，由此建立緣起的假我。那麼假我背後究竟有沒有眞我？確實是宗教問題。比如印度教認爲，宇宙的終極主宰是大梵，而人是大梵的分有。在個體生命中也有做爲主宰的「我」，叫「阿特曼」，具有常、一、不變、主宰的特點。常是永恆，一是說明其存在不可分割，不變是說明它不會變化，主宰是說明它對宇宙或個體具有主宰作用。在輪迴中，我們的肉體會消亡，但這個「我」不會消亡，並做爲這期生命到下期生命的連接。人因爲無知，忘記自己和梵的關係，進而迷失自我，產生種種貪著和煩惱。如何解脫？首先要認識自己和梵的關係，然後透過苦行和禪定擺脫煩惱，最終達到梵我一如。

佛法所說的「無我」，正是針對印度傳統宗教中梵我的概念。佛教對生命和世界的認識，包括解脫、因果、輪迴的建立，對無常、無我、空性的認

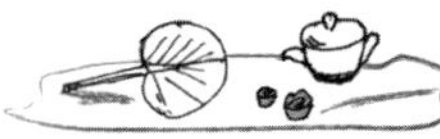

識，最重要的理論基礎就是緣起，所謂「未曾有一法，不從因緣生。是故一切法，無不是空性」。這種空並不是說它不存在，而是一種條件關係的存在。

周：是緣起的存在。

濟：也是假有的存在，修行的核心就是否定這個假我。在佛教看來，在緣起的現象中找不到不變的本質，如果執著有「我」，就會把這種感覺投射到身分、地位、財富等外在事物上，把它們變成自我的載體，對此產生「我」的執著。事實上這些都不是「我」，只是條件的組合，是仗緣而生的。

現象的背後是什麼

周：印度教也好，基督教也好，基本思路是一致的，都知道小我是變化無常的。但對這個事實心有不甘，不願意這樣，所以要在無常變化的小我背後尋找不變的本質。最後，小我是從宇宙來的。其實不論梵天還是上帝，都是名稱而已，意思是有不變的精神本質。每個小我身上都有一個東西由此而來，印度教叫作梵我，基督教叫作靈魂。我們無法證明到底有沒有梵天，有沒有上帝，自己身上是否分有梵我或上帝的東西。但提出這種假設的動機可以理解，就是不願意個體生命完全是無常的，都會消失，而要「我」永遠存在下去。

這裡有一個問題，如果這是徹底的假我，沒有支撐物。那這樣一個假我，我們有必要對它認眞嗎？有必要對它負責任嗎？基督教強調靈魂，實際上是強調這一點——你要對自己的行爲負責，因爲這些永遠記在靈魂的帳上。

濟：從佛法來說，緣起是非常深奧的，並不是我們以爲的由此及彼那麼簡單，而是眾多因緣的和合。這個「眾多」是成千上萬，甚至多達億萬的數量級，其中每個因或緣發生變化，都會影響最終結果，所以這種變化又是幾何級數的。如果我們看不到緣起的眞相，以爲其中有恆常不變的我，就會對此產生執著，進而投射到各種事物上，一廂情願地希望這個永恆，那個永恆。希望越強烈，對現實的接受度就越差，即使正常的改變，也會給自己帶來痛苦。這不僅是痛苦的源頭，也是輪迴的根本。佛法否定恆常，並不是爲了否定什麼而否定，正是看到這種誤解造成的危害。

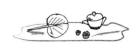

但這種否定可能讓人落入虛無，所以佛法同時告訴我們，生命內在還有覺醒的潛力，這種智慧不能以「自我」的方式去認定，因爲它不是理性認知的範疇。可見佛教並不是只講本質忽略現象，而是不離世間法的，所以佛陀既說勝義諦，指出諸法實相；也說世俗諦，按照世人認可的道理做進一步引導。而哲學在尋找自我的問題上，正如周老師所言，還是透過一個選擇建立的。

周：西方哲學講自我，講個人，首先不是本體論的問題，而是價值觀、倫理學的問題，是強調個人存在的價值。當我們談論社會和個人的關係時，是以個人爲目的，社會的作用就在於讓個人價值能夠實現；而且每個人是平等

的，要讓所有人的價值能夠實現。判斷一個社會的好壞，就在於是否尊重個人價值，讓個人價值得以實現。它強調的是價值，而不是本體論意義上的「自我就是本質」。

至於印度教、基督教所說的自我背後有一個本質的觀點，我是從同情的理解來看待的，假如個體背後沒有永恆的東西，會讓人感到恐慌。西方哲學從古希臘開始一直有終極追問：從世界來說，本質到底是什麼？如果所有都是現象，那現象背後的是什麼？最後那個不被否定的

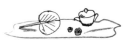

是什麼？從個人存在來說也是如此——人生最後剩下什麼？什麼是不被否定、永遠存在的？要找這個東西。

西方最後把猶太教和古希臘哲學綜合起來，形成基督教，我覺得有道理。因爲基督教給了答案——就是上帝。我是這樣理解基督教的——它強調以個人來說，肉體是現象，是暫時的，但靈魂是本質，是永恆的，不會隨著肉體的死亡而消失，所以人應該把重點放在靈魂，不要注重肉體。它以這樣的思路反對過於世俗化的追求，把精神層面的生活看得更重要，也是人生最重要的部分。它有積極意義，就是讓人關注精神，看輕物質和肉體，合理節制欲望。其實佛教也是讓人減少欲望，但理由不一樣，基督教比較簡單化，容易弄懂。

妄心和假我

濟：相比婆羅門教，基督教在哲學思想上相對簡單一些。因爲梵我一如的思想立足於《奧義書》，有完整的理論體系。而佛教對現象自我的認識，引領我們能更好地找到自己。

周：是哪個自己？如果沒有眞我的話。

濟：就是尋找內在覺性。佛法修行有兩個系統，一是妄心的系統，透過對現象和緣起假我的分析，引導我們認識並改善假我，由此體認眞心；一是眞心的系統，透過禪修等特殊引導，讓上根利智者直接體認眞心。在理論上，《楞嚴經》的七處徵心是讓人透過對心的尋找，看清妄心的虛幻。當你不再陷入虛妄執著時，就有能力體認眞心。所以佛教雖然否定「我」的存在，但並不是說，緣起現象的背後沒有覺性。

周：妄心是執著於假我。看清楚假我就是假我，證悟無我，是不是就能達到眞心？所以，妄心和假我連在一起，眞心和無我連在一起？

濟：也可以這麼說。更精確地說，由妄心構成假我的存在。

周：到底哪個是因，哪個是果？妄心是果還是因？緣起造成假我，執著假我，

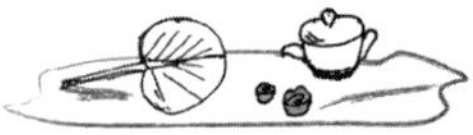

把假我看成眞我，就是妄心？

濟：因爲妄心，對緣起的假我產生錯誤認識。再進一步，這種誤解又會構成假我的延續，並使妄心得到強化。

周：從佛法觀點來看，比較好的狀態是什麼？執著假我肯定不好。妄心是一種迷惑，我們看清假我，知道它的背後沒有實質，不再執著，達到無我的覺悟。但另一種可能是完全看破，放棄假我，人生就沒有動力了——反正是假的。但從積極的方面看，既然是假我，不必太在乎，對這個假我比較超脫，這樣就自由了。

濟：雖然看清它是假的，但並不是不存在。比如你身體不好、心態不好，馬上會影響到你。你不能說，反正它是假我，就可以無所謂，一般人恐怕沒這樣的能力。

周：它影響誰呢？如果假我背後沒有一個眞我，它影響誰呢？

濟：雖說沒有一個「我」，但這個緣起的生命體是有感受的，那種痛苦的感受實實在在。

周：實際上是假我的感受，但我們對假我的感受是關注的。

濟：因爲假我的感受代表緣起生命的存在，和你息息相關。我們不僅要認識到它是緣起假象，還要獲得優化它的能力。這種能力是我們本身具備的，即內在的觀照力，但需要透過禪修來開發。否則，我們即使認識到問題，也未必有能力改變。

唯識宗修行就是讓我們完成生命的轉依——雖然是假我，也要優化和改變，因爲這是修行載體，必須借假修眞，不能不理它。唯識有個重要思想是「轉依」，一是迷悟依，去除無明迷惑，開發覺醒潛力；一是染淨依，去除雜染心行，圓滿清淨品質。這些都需要反覆訓練，不是想改變就能改變的。

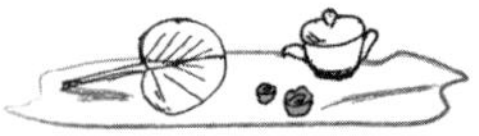

自我的世俗價值

周：假我的優化也有兩個涵義：一是你剛才說的，修行是迷悟和染淨的轉依，這是覺悟的修行。是不是還有另一層涵義——我仍要這個假我在世上進取，讓它有幸福生活，讓它在世俗意義上變得優秀，有作爲，有成就，有創造力。佛教不太談這方面的進取心，但我覺得，假我的優化不能缺少這方面的涵義。

這就涉及自我價值的問題。儘管我們明白它是假的，但它是個存在，而且是唯一的存在，怎麼完成這個存在才有價值？這是繞不過去的重要課題。從佛教的角度，怎麼看自我的世俗價值？

濟：佛教從兩個層面看待價值，即現實利益和究竟利益。現實利益是讓人生更美滿，比如改善物質條件，使家庭幸福、事業順利等。每種人生都有它的因果，遵循什麼樣的因，就會有什麼樣的果。但僅僅追求外在美滿並不究竟，如果內在品質沒有優化，外在一切都是暫時且變化無常的。所以佛陀告訴我們，要進一步尋求究竟利益。

從解脫道的修行來說，是認識生命眞相，擺脫內在惑業，這樣才能解脫自在。從菩薩道的修行來說，核心價值是自覺覺他，不僅要解決自身問題，讓自己成爲優秀的存在，還要幫助普天下的芸芸眾生，讓他們同樣成爲優秀的存在。所以佛教不是不講價值，只是角度不同。

周：我覺得這兩個層面都需要。當然，追求究竟利益是根本的，但活在世間，哪怕是做爲一個現象，也要燦爛一點，豐富一點。這是人生意義的一部分，而不是否定做爲現象的意義，否定世俗的優秀和幸福。我們知道這都是暫時的，是緣起的，不究竟的，儘管如此，它對人的一生還是很有價值的。

濟：這個問題主要看你的標準在哪裡。如果標準只是做好普通人，希望自己活得成功、活得燦爛，那當然可以。從緣起的層面來說，如果不提出更高標準，世間任何存在都有意義，包括喝杯茶、吃頓飯，都有它的意義。但很

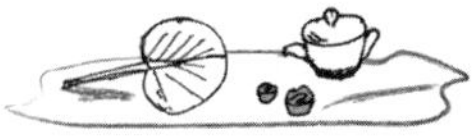

多意義只是短暫的，經不起審視。有時候，當你執著這些意義時，還會帶來種種痛苦。佛法不是否定這些，而是讓我們以智慧看待這一切。如果不站在一個高度來審視人生，那麼執著會帶來糾結，享受會帶來苦果，樂極往往生悲，總是在自己毫無準備時，就莫名地被傷害了。

周：所以最好要有兩手，又執著又超脫。光有執著那一面，最後肯定是痛苦。但如果光有超脫那一面，我覺得人生有點太空，讓人感覺貧乏。而且經歷很多再去超脫的話，可能超脫的感悟會更深刻。所以執著和迷惑的經歷對悟有好處，不是沒好處的。

濟：每個人的成長經歷不一樣。有些人經歷執著後，才能看清世間的浮華本質，否則多少會對這些有期待。還有人不需要經歷這些也能超脫，看看別人的經歷，就能舉一反三。不同人的生命軌跡不一樣，不能一概而論。事實上，經歷後能超脫的人並不多，大部分人還是陷入其中，蹉跎一生。

周：這種人不經歷也超脫不了，慧根太差。我想講的問題是，從佛法角度說，怎麼肯定這些世俗價值？比如儒家強調「立功、立言、立德」，這些可能是緣起的、暫時的，但很多人將此看成非常重要的人生意義。我也覺得不能完全否定這些，包括著書立說、為國家立功或成為道德楷模，這些不能說沒意義。因為人類總要生存，生活也要有內容，不可能所有人從開始就解脫，我覺得無法設想這種情況。所以生活內容很重要，重視這些，就包含對世俗和假我價值的重視。

濟：佛教並不否定這種價值，所以有人天乘、聲聞乘、菩薩乘的次第。而且有沒有價值是相對的，看站在什麼標準來說。佛陀並不就此做出價值判斷，也不說普通人的日子是沒意義的，而是把幸福的因果告訴你——要達到這個目標，應該付出什麼努力；或者說，依什麼因建立的幸福更長久，且沒有副作用，引導我們以正確方法達成目標。

所以佛陀在《阿含經》中是「先說端正法，再說正法要」。端正法，即透過佈施、持戒等善行建立美滿人生。如果對方善根成熟，不滿足於此，才

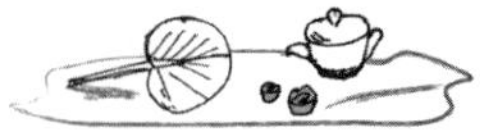

會進一步揭示眞相：輪迴本質是痛苦的，只有解除惑業，才能究竟安樂。總之，是逐步加以引導，而不是開始就說——欲望是痛苦的，解脫之樂才是究竟的。當然，從輪迴本質是苦，多少隱含了對輪迴快樂的否定。

否定之後的肯定

周：那佛教肯定的是什麼？有沒有人生的樂？還是只有涅槃的樂？

濟：佛陀眞正希望你得到的，就是涅槃之樂，是平息迷惑煩惱之後的究竟快樂。

周：事實上沒有積極的快樂，苦沒有了就是快樂，可不可以這樣理解？極欲的東西都是苦的，把那些滅除之後就是快樂，涅槃的狀態就是沒有苦。

濟：佛教認爲世間快樂是建立在迷惑煩惱的基礎上，所以讓我們追求究竟的無苦之樂。

周：從表面的快樂解脫出來，就是眞快樂了——應該是這樣的結論。

濟：很多痛苦都來自對世間快樂的執著，佛陀是要告訴我們這個眞相，而不是一味否定快樂。

周：最好是得到這些快樂後，看明白了，又得到究竟的快樂，兩者都有。

濟：涅槃樂才是圓滿的。

周：道理是對的。表面快樂是由欲望、虛榮心、雄心壯志建立的，哪怕你是爲民族、人類創造什麼而產生的快樂，本質都是虛幻的。這是肯定的，因爲都是建立在緣起的基礎上，都會消失。

濟：但佛法也告訴我們，培養內心的正向力量，會帶給生命另一種快樂。心既是痛苦的源頭，也是快樂的源頭。

周：正向力量除了智慧以外，還有慈悲。

濟：本質上說是這兩種。一個人要消除內心的負面力量，開啓正向力量，必須十分精進，絕不是消極就能做到的。所以在佛法修行中，始終把精進列爲重要項目，爲六度之一。如果沒有這種努力，人要改變自己非常困難，所

謂江山易改，本性難移。

周：我是想說，這和世俗的進取心還是兩種概念。世俗意義上的進取心，包括想去爭取財富、地位、美女，或者更高一點，想對人類做貢獻，不論對個人還是他人，都提供了利益。如果沒有這部分，人類生活就會比較枯燥乏味，我們要防止的，是把那些東西看得過高。佛法就指出了這一點：無論你多麼輝煌，都是低層次的，是緣起的，還有更重要的目標。

濟：佛教並不因爲它屬於緣起的現象就認爲是低層次的，關鍵是要淨化、改善它。比如從人天善法的層面，生命本身就有存在價値，修行只是讓這個緣起更健康，才能給自己帶來利益，也給他人帶來利益。

周：健康的標準是什麼？

濟：佛法所說的健康就是善——這個行爲不會給自己和他人帶來傷害，也不會給現前或未來帶來傷害。一個人的努力是單純爲自己，還是爲了自他雙方，乃至一切眾生，性質是完全不同的。所以菩薩道修行要多事多業，透

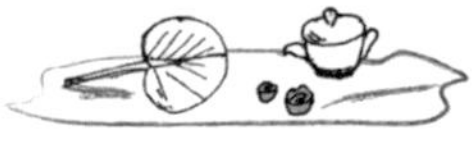

過利他長養慈悲。當你有了慈悲，就能利益更多的人，成就更大的慈悲。我們做的事會過去，但在做事過程中建立的心行，以及生命得到的提升是實實在在的。這種慈悲心的增長，將對生命有長遠影響，同時也帶給他人無盡利益。其價值不僅是外在的，更是內在的。佛教更強調這個層面。

自我的獨立和自由

濟：西方哲學重視自我的獨立、自由、完善、超越，以及自我價值的實現，是不是比較偏向社會性的層面？

周：它有兩個層面。從精神層面，一是頭腦的獨立，對任何問題都要尋找它的根據，不要從眾，要有自己的獨立思考；一是靈魂的獨立，就是解決信仰問題。從社會層面，一是個人自由原則，每個人都是獨立的個體，有權追求並實現自己的價值，按自己喜歡的方式生活；一是同等權利原則，每個人都有權利，就意味著你不能損害他人的權利，要阻止侵害他人自由的行爲。

西方的法治精神就是建立在保護個人自由的基礎上。每個人都有自由，但不能侵犯他人自由，否則必須用暴力防止，靠語言說服是解決不了問題的，所以要有國家、政府、權力。但政府產生後的最大危險，就是侵犯個人自由，因爲它的權力最大。這是一個悖論。法治的重點是防止政府侵犯個人自由，但沒政府是不可能的，必須有政府。所以西方自由主義思想家解決的重點，就是對政府有一系列限制。

從精神層面來說，自由包括外在和內在兩方面。外在自由是社會環境的自由，內在自由是精神層面的，人的理性、情感、意志都有相應自由。理性的自由是獨立思考，意志的自由是道德自律，情感的自由是審美境界。一旦進入審美境界，你就不會被利益追求破壞美感，他們認爲這是一種自由。

西方保護個人自由的法治社會，對人類是很大的貢獻。因爲這些問題不可

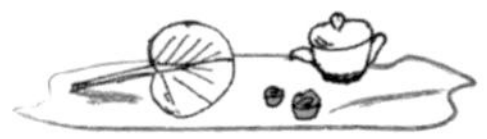

能靠哲學和宗教來解決，必須落實到社會，由法律來建立合理的社會秩序，並保護這種秩序。西方因爲重視個人自由，把個人自由視爲基本原則，才會產生以法治保護個人自由的社會秩序。他們的倫理學、價值論都很重視個人價值，人文主義的核心也是如此。因爲尊重人的價值必須落實到尊重每個個體的價值，否則就是空的，這一點他們很明確，思想是連貫的。

濟：佛教講的獨立，思考角度和西方哲學不同。每個生命內在的覺性，本身就是獨立、自由的存在。現實中的人爲什麼無法獨立？正是因爲迷失自己，所以對自我產生誤解，進而對外在世界形成依賴。在依賴過程中，就會爲物所役，爲物所控，這種被役和被控的程度又和貪著有關，我們對外在事物的依賴越深，就越不獨立，只有減少依賴，心才能超然並自主。否則的話，有多少依賴，就會失去多少獨立和自由。

周：這是很多思想傳統的共同認識。道家也是這樣，莊子特別強調這一點，說

「喪己於物，失性於俗者，謂之倒置之民」，認爲把本性喪失在世俗上，把自我喪失在物質上，是顚倒的人。道家很強調生命的自由、精神的自由，希望擺脫功利、物質，進而擺脫社會的法律、禮儀、道德，才是眞實的存在。我想，如果中國只有儒家沒有道家的話，就會非常可怕。

濟：儒家和道家其實是一個互補。

周：道家在很大程度上是針對儒家的問題來說的。當然老子和孔子思想產生的時代差不多，幾乎同時產生，這很有意思。佛教傳入後，進一步彌補了儒家的缺點。

濟：西方關於獨立的定義中，有沒有類似佛教的思想？

周：他們也有，就是比較淺一點，強調不要受外物的羈絆和控制。這個思想從古希臘就開始有，認爲人只有擺脫社會控制和物質羈絆才能自由。那些哲學家都出生於富豪或王族，但他們放棄財產，不繼承王位，對這點看得很明白。比如被我們稱爲快樂主義哲學家的伊比鳩魯，以快樂爲人生目標，

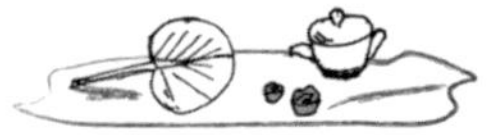

強調快樂就是擺脫外物束縛。他說，快樂就是身體的無痛苦和靈魂的無煩惱。事實上，自然的欲望很容易滿足，一旦你的欲望超過自然需要，痛苦就開始了，所以痛苦的根源就是欲望超過了自然規律。類似的言語很多。

濟：不論是西方哲學還是東方宗教，普遍能看到欲望帶給人的困擾。那麼如何解決欲望？印度很多宗教特別宣導苦行，但沒找到正確的著力點，結果過猶不及。

周：無論宗教也好，哲學也好，沒有一個流派鼓吹物質欲望的膨脹。看到欲望對人生的破壞性，限制物質欲望，這一點是比較普遍的認識。

濟：對生命內在的快樂認識到什麼程度，我覺得這部分有比較大的差別。

周：向內開發這一點，西方哲學是比較弱的。它和你說一些普通的道理，基本上是老生常談、常識性的東西。古希臘和古羅馬斯多葛派關心人生問題，會告訴你，自然發生的很多事是你無法支配的，既然無法支配，就不必爲它痛苦。你要對身外事不動心，這樣就能幸福，人生就有意義，所以不動心是他們最重要的概念。

濟：怎麼做到不動心？

周：想明白道理，就能不動心。

濟：還要獲得不動心的能力。

周：他們沒有修行，就是和你講道理。西方哲學沒有佛法實修這部分。

4

我們靠什麼來認識世界

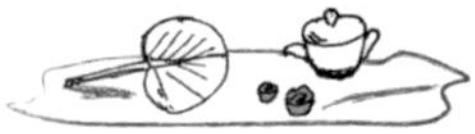

二〇一六年夏，應《澎湃新聞》邀請，濟群法師和哲學家周國平在上海大寧劇院，以「我們靠什麼認識世界」的主題展開對話後，仍意猶未盡。隨後，濟群法師又在北京講座之餘，與周老師在臥佛山莊再續前緣。

理性的作用和局限

濟：我們靠什麼來認識世界？這是很有意思的話題。講到認識世界，一定離不開「認識」。西方人重視理性，一定程度上也重視直覺，並以科學的工具和方法做爲重要助緣。那麼，西方認識世界的方式和東方有什麼差異？共同點又在哪裡？

周：從西方的主流來說，是把理性做爲人最重要的特徵，這也是人和動物的區別所在。如果給人下個定義的話，基本上就是——人是理性的動物。理性即邏輯思惟能力，包括概念和推理，把具體事物抽象爲概念，概念之間的聯繫就是推理，是思惟工具。但光憑理性能不能認識世界？西方哲學對這一點始終是懷疑的。

濟：做爲人的認識能力，理性揭示的是因果規律。當我們用理性認識世界時，如何讓自己的認識符合這種規律？邏輯思惟所做的，是透過一些準則來規範理性。如果你的思惟方式有問題，得出的結論自然與因果不符，也就與眞相不符。

周：西方哲學有個大問題，即你的思惟要符合因果規律。但進一步追問下去——這個因果規律是不是世界本相？就出問題了。因爲你怎麼證明，憑什麼斷言它就是世界本相？你用理性思惟，把感性材料整理出一個邏輯——什麼是必然的，什麼是偶然的，但憑什麼說這就是世界的秩序？你無法證明。

所以休謨說，這其實不是世界本身的秩序，而是感覺的習慣。因爲我們經常看到甲出現後，乙跟著出現，重複多了，就成爲習慣性的聯想，它其實是主觀的。到康德就對這個問題做了徹底否決，說因果關係完全是意識的先天結構，人先天就有關於因果的結構，如果沒有這種意識，根本無法認識世界。人有了這個結構以後，把經驗材料套到框裡，就算對世界做出了解釋。他認爲這個因果關係和世界本相毫無關係，完全是主觀的。但不是主觀感覺，因爲這是人類普遍的，不是個別的。

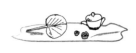

濟：透過邏輯思惟所舉的例子，比如人都要死，某某是人，所以某某一定要死。這個大前提就有問題，有不可知的因素，因爲我們無法斷定所有人會如何。但在大前提的基礎上，透過小前提得出結論，是立足於相應的現實基礎——至少你看到的這部分現實是這樣，凡是你舉出的人，沒有誰會不死。

佛教的因明學是以「同異品」解釋問題。在同品中，所有同一類型和性質的物件具有相同的規律，只要你能舉出不同的例子，這個宗就不能成立，這是從現實狀況往前推。如果因果僅僅是人的主觀認識，那這種認識的基礎是什麼？如果和世界眞相無關，世界就變成不可知的。

周：這就是康德的看法——世界是不可知的，人類的認識永遠跳不出理性結構的範圍。感官從外面接受各種印象，而當理性對感官印象加以整理時，完全是按自己具有的結構來整理，得出的結論還是屬於現象，不是本質。本質是人類的認識無法觸及的。

濟：在現象層面可以認識？

周：可以。所以科學完全可以成立，科學去研究因果關係沒有問題。

濟：那在哲學層面呢？

周：哲學就要談本質問題，談世界的本相。康德的結論是，世界本相是根本不能談的，因爲你認識的永遠是現象，不可能達到本相。但他又說，人爲了行動，爲了實踐，必須對本相有所假定，並提出三個基本假定：第一是自在之物，物本身是存在的，我們必須假定它的存在；第二是上帝；第三是靈魂不死。必須有自由意志、上帝存在、靈魂不死三個假定，你要做有道德的人才有根據。因爲這從理論上無法分析，你無法證明，它到底是不是

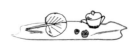

存在。但我們可以憑自己的感受，用一種道德情感來看。

按因果分析，某人做了壞事，可以找到很多原因，比如他的家庭出身、環境影響，或是他很窮，爲了生存走到這一步等等，好像不應該由他本人負責任。但康德說，我們都有種直覺，只要做了壞事，哪怕有再多原因，仍會感到難受。這種難受從哪裡來？這就證明，人還有一種他稱爲「實踐理性」的良知，知道應該怎麼做，不該怎麼做。怎麼解釋這種良知的存在？他說，因爲人的靈魂受上帝安排，所以會有這種感受。我們無法證明人的靈魂，但從道德情感可以推導出，這個應該存在。

「認識」決定了「所認識」

濟：佛法非常重視對現象世界的正確認識。中觀是以二分法看世界，即世俗諦和勝義諦；唯識是以三分法看世界，即遍計所執、依他起、圓成實。我們爲什麼看不到眞相？是因爲不能正確認識現象。爲什麼不能認識現象？又和我們的認識能力有關。《辯中邊論》指出，人的認識有顛倒作意和無倒作意。作意就是用心，你用什麼心——是顛倒的心，還是不顛倒的心，是認識和修行的關鍵所在。

如果沒有顛倒，意味著你能如實觀察世界，現象是怎麼回事，你看到的就是怎麼回事。當你看到現象的眞實存在，就不會構成遮蔽，可以透過現象抵達眞相，也就是空性。反之，則屬於顛倒作意。因爲我們的心是以無明爲基礎，由此建立的理性會受到感覺的制約、情緒的影響，所形成的認知就是顛倒作意。如果帶著顛倒作意觀察世界，會看到錯覺的呈現，而不是現象本身。因爲影像是投射在錯覺的平台，就像哈哈鏡中呈現的，必然是扭曲的。這種錯覺會阻礙我們認識眞相，唯識叫作遍計所執。有了遍計所執，就會煩惱、造業、生死輪迴。

周：佛法很強調認識，不僅是憑邏輯思惟去認識，還強調認識主體的狀態——這個狀態是不是正確的、乾淨的。顛倒作意的就是狀態錯了，即認識主體

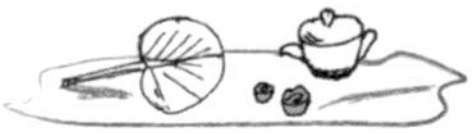

本身造成他不可能有正確認識。

濟：認識主體有兩類：一是智慧的狀態，如聖賢所見，當下就是世界眞相；一是無明的狀態，在凡夫的認識系統中，會受到感覺的局限、情緒的干擾，使認識不同程度地被扭曲。但我們可以透過聞思建立正確理性，在此基礎上，形成一套類似邏輯思惟的結論，佛教稱爲比量。此外還有現量，屬於純淨的直覺，只看到當下的呈現，不帶任何思考，而且是超越名言概念的。唯識宗就是透過嚴謹的三支比量建立的。說到比量，離不開因明。佛教的因明包括能立和能破兩方面，能立是建立正確命題，能破是破斥對方觀點。《因明入正理論》說：「能立與能破，及似唯悟他。現量與比量，及似唯自悟。」告訴我們，能立和能破主要用於和對方交流，是爲了破斥或教導他人。而現量和比量主要用於建立正確認識，可以透過這兩種方式糾正誤解，是爲了自度及度他。此外還有似能立和似能破，所謂似，即相似的比量——這個推理其實有問題，並不是眞的能破和能立。

因明是非常嚴謹的，比如命題的建立，必須離開九種過失。在推理方式上，邏輯先是指出大前提，然後是小前提，最後得出結論。而大前提是假設的，所以邏輯是在假設的前提下得出結論。但因明是先舉出命題（宗），把觀點放在前面。這個觀點能不能成立？接著以理由（因）證明，這些理由必須離開十四種過失。此外還有喻，即展開種種例證。比如某人會死（宗）；因爲他是人，所以會死（因）；接著舉出某人、某人都死了（喻）。如果有一人不死，那麼「某人會死」這個宗就不能成立。反之，只要沒有推翻的例證，這個宗就能成立。喻還有同喻和異喻之分，喻要遠離十種過失。

現量和比量

濟：透過因明建立的只是聞思正見，屬於意識的認知。而佛法所說的正見包括兩個層面，一是聞思正見，屬於比量；一是內在正見，屬於現量，是心本

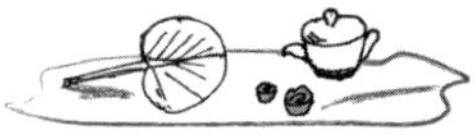

身具備的，但它是潛在的，並不能產生作用，需要透過禪修開啓。因明早期說三種量，除了現量、比量，還有聖言量，即以經教做爲建立理論或反駁他人的依據，後來主要說現量和比量。

周：這很有意思，是唯識宗說的嗎？

濟：唯識宗運用因明的方法論，形成佛教的邏輯學，因明本身屬於印度傳統的辯論術。印度的宗教哲學非常發達，各宗之間經常展開辯論，輸了就要改宗，甚至砍頭。在印度早期的六派哲學中，正理派特別重視正理（相當於因明）的研究，《正理經》即此派創始人所撰寫的。對因明的借鑑和運用，使唯識宗具有縝密的邏輯性。

周：玄奘當時就和所有人辯過了。

濟：玄奘三藏在印度求學期間，常有外道來挑戰，佛教大小乘之間也會互相辯論。當時的國王戒日王推崇大乘，特別舉辦了一場全印度各宗派的大辯論。在這場辯論中，玄奘三藏所立的宗（命題）是「眞故極成色，非定離眼識。自許初三攝，眼所不攝故，如眼識」，並提出，此言如有不妥或被駁倒，願斬首相謝。結果十八天沒人能更改一字，玄奘三藏因此受到各宗的一致推崇。在這種環境中傳播的佛教，重視思辨且邏輯嚴謹，因爲很多論點已經過反覆辯論，始終立於不敗之地。用現在的話說，是經過實踐檢驗的。

周：漢傳佛教辯論的傳統不明顯，我看藏傳還是很興盛的，現在還有。

濟：因明進入漢傳佛教和唯識宗有很大的關係，所以它受重視的程度，也和唯識宗的命運息息相關。玄奘三藏西行求法，歷盡艱辛，把《瑜伽師地論》等經論翻譯到中國，形成唯識宗。雖然位列漢傳佛教八大宗派之一，但僅僅傳了二三傳，就後繼乏人，幾至湮沒了。直到民國期間才有復興之勢，可還是未能形成氣候，因爲沒有用武之地。我們現在學到的因明只是書本上的，不是應用中的，而因明的重點在於應用。

周：現量和比量很有意思，實際上是認識的兩種狀態，一種是靠經驗、邏輯思

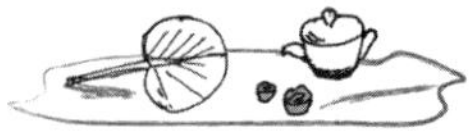

惟去認識，一般人都這樣；另一種是靠內在的智慧、天才的直覺去認識，這是極少數人才具備的。其中是有鴻溝的，一般人達不到現量，再努力也達不到。

濟：佛法認爲，六識中前五識的認識就屬於現量，即耳識、眼識、鼻識、舌識、身識。但這種直覺非常短，只是刹那而已。一旦前五識活動，馬上有與之同步的五俱意識產生作用，使我們落入意識狀態，現量本有的直覺就不起作用了。

周：你說的前五識的直覺成分，其實就是無意識和潛意識。

濟：前五識不是潛意識，是屬於意識的範疇。唯識宗講八識，意識包括眼、耳、鼻、舌、身、意六識，潛意識是第七末那識和第八阿賴耶識。

周：就是五官的感覺帶有直覺成分。

濟：前五識的作用屬於現量，但它們活動時，意識立刻隨之出現，把各種資訊塞進來，對認識形成干擾，使前五識的所見、所聞、所感知，成爲被意識改造過的所見、所聞、所感知。

《瑜伽師地論》說，世上有四種眞實：一是世間極成眞實，即大眾共同認可的；二是道理極成眞實，即哲人透過邏輯思考建立的；三是煩惱障淨智所行眞實，即擺脫煩惱後看到的世界；四是所知障淨智所行眞實，是徹底擺脫無明後看到的世界眞相。在四種眞實中，後兩種進入了聖賢境界。而凡夫的認識會受到情緒、煩惱等因素的影響，不論自以爲多麼理性，都無法避免這種干擾。很多時候，我們的理性還會爲煩惱服務，形成所謂的立場，也就是我執。

周：我們也可以承認前兩種有存在價値。各種眞實都有它的位置和作用，如果只承認後兩種眞實，認爲前兩種是虛假的，普通人就無法生活了。

濟：四種眞實只是說明認識的不同層次，在不同階段都是有價値的。在佛法中，如實智非常重要，告訴我們世界和人生到底是怎麼回事。有了這樣的指引，我們才能對自己的心行做出抉擇。

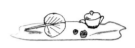

跳出念頭，超越理性

濟：關於「我們靠什麼來認識世界」，周老師講到理性和直覺，佛教也很看重這兩點。佛教重視人的身分，認爲眞理和智慧屬於人間，就是因爲人有理性。六道中，天人太快樂了，不必動什麼腦筋；惡道眾生太痛苦、太愚癡了，沒能力動腦筋。而人有苦有樂，才會對生命和世界加以思考，尋找改變處境的方法。

佛法認爲，我們的煩惱、造業、輪迴都和意識活動有關，根源就在於錯誤認識。如何改變？必須靠理性重新探索和思考世界。所以佛教特別重視無倒作意，將此做爲修行關鍵，比如聞思修的思，八正道的正思惟。在四法行中，親近善知識是爲了聽聞正法，然後透過如理作意，才能法隨法行。但理性只是意識層面的活動，無法直接抵達眞理，也無法究竟解決人生煩惱。

心理學家佛洛伊德說，生命就像大海，意識活動只是浮在海面的冰山，潛意識才是深入海底的巨大山體。在認識過程中，一般人會卡在念頭中無法深入。從表面看，每個人是活在這個世界，但其實是活在各自的念頭中。當某個念頭被無限誇大或強化後，一個念頭就會成爲我們的整個世界，甚至一生就爲這個念頭活著。而現代人往往是另一個極端，外境的誘惑、聲色的刺激，使人被此起彼伏的念頭重重包圍，時而被這個念頭牽制，時而被那個念頭操控，我們以爲自己的生活豐富多彩，其實卻在不斷地被控制，被左右。

怎樣才能跳出念頭，超越理性的局限？必須透過禪修，開發內心本具的圓滿智慧，這是一條向內找尋的道路，也是佛教和西方哲學最大的不同。

在禪修訓練中，修行者會進入不同的狀態，產生相應覺受，尤其是定樂，遠遠超過欲望帶來的快樂。但如果沉浸其中，同樣會被卡住，成爲修行的障礙。所以對禪修來說，一方面要讓心定下來，一方面要有指導修行的正

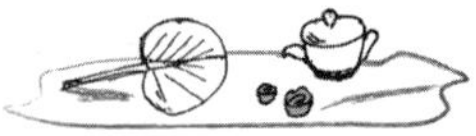

見。只有具備認識的高度，才能抵達生命的深度。

其實禪修並非佛教所特有，而是印度各宗教共同重視的。尤其是神通，是修定後出現的，宿命通可以看到過去無數生，天眼通可以看到未來將要發生的事，還有神足通、天耳通等。其實這些能力並不神奇，正可說明生命的巨大潛能。當然，佛教並不以神通爲究竟，而是重視智慧。因爲神通是雙刃劍，在人格不完善的情況下，有了這種能力破壞性更大。

西方的認識系統，從最初重視對世界本體的探索，到十六世紀開始重視認識論，包括經驗論、理性論。此後，存在主義關注的是存在。不論哪一種，用的都是理性，由此產生的認識也有其局限。

周：其實康德已知理性的局限，所以試圖突破局限，開發非理性的精神能力，包括內心體驗、潛意識的感悟等，存在主義是重視這一點的。我想知道在佛教中，智慧和理性的界限在哪裡？理性肯定是意識層面的，可以說是比量，這是統一區別的概念。那麼智慧是不是要突破理性的局限，深入潛意識，把那種能力開發出來？智慧也好，比量也好，是不是都屬於潛意識，或潛意識和意識的結合？

智慧的「體」和「用」

濟：我們剛才所說的理性，是屬於意識層面的，無法直接抵達空性。那智慧又是什麼？和理性是什麼關係？首先，智慧是超越理性的。佛法中常常說到，以智慧通達空性（這個智慧屬於般若，不是理性層面的認知）。大家會覺得是兩個東西，一是主觀，一是客觀；一是能，一是所，其實不然。般若思想傳入中國初期，僧肇大師曾撰寫《肇論》，被譽爲「秦人解空第一」。其中的「物不遷論」說明，事物的流動變化是一種假象，只是我們把它聯繫起來；「不眞空論」說明，一切現象都不眞實，只是假象而已，所以是空；還有「般若無知論」，所謂無知，其實是超越妄知的遍知，即「般若無知，無所不知」。這是從體和用的角度說明般若和空性的關

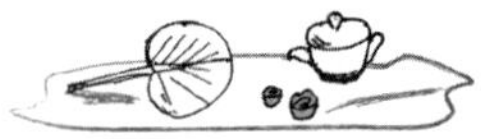

係——「言用即同而異，言寂即異而同」。「同而異」是說本質相同，但表現在作用上似乎是兩個，一是智慧，一是空性；「異而同」是從它的體而言，雖然有兩個名字，但本質是相同的。簡單地說，智慧來自空性，反過來又體認空性。就像我們經常說，心的本質就是世界的本質，其實並不是兩個東西。

空性有什麼特點呢？一是空，空曠無限，可以把山河大地容納其中，也可以產生山河大地；二是明，了了明知，不是死的、沒知覺的；三是樂，會源源不斷地產生喜悅和快樂。如何通達空性？除了如理思惟，還要超越分別，所以般若又稱無分別智。這種智慧屬於遍知，就像鏡子一樣，本身就能對一切一目了然，不是靠思考、判斷得來的。

周：這種智慧的狀態，是不是像莊子說的萬物與我爲一？我和宇宙合爲一體了，所以它是同一個東西，我就是空性，我就是宇宙。

濟：在這個層面是不二的，在差別的層面，就各是各的。

周：這兩個層面是一高一低，還是同時存在、統一的？

濟：在佛法中，對空性的體認有兩個層面，一是根本智，一是差別智。透過根本智體認無差別的層面，但這種無差別又不妨礙差別。如果你已體認空性智慧，就能同時活在兩個層面，既了知萬物差別，又能超越差別，那就自在無礙了。而普通人總是陷入相對層面的執著，就會卡在局部現象中，就像當局者迷那樣，其實是看不清的。只有體認到絕對的層面，才能眞正看清，種種相對的現象只是假象而已。

周：看見假象，就可以對假象抱有自由的心態，一種遊戲的態度。我跟你玩玩，我知道你是假的。

理性、情感和意志

濟：西方從哲學到科學都是向外探索。隨著科學的發展，各種工具也在不斷延伸人的認識能力。但東方文化，尤其是佛教，是向內發展。

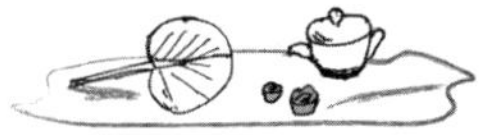

周：人的精神能力包括理性、情感和意志，但說到認知世界，往往只說到理性，其他兩個是不參與的。事實上不是這麼回事。當你認識外部世界時，一定是三個同時在起作用，情感和意志也會參與，不完全是抽象的邏輯思惟，也是情感投入的過程，意志有所追求的過程。我不知道佛法對這三種能力的參與和認識，有沒有什麼說明？

濟：從佛法角度說，認識並不僅僅是某種心理活動，而是系統性的綜合作用。我們認知事物時，既有意志的作用，會和目標、動機相結合，還受情感的影響，比如我們對某人某事的好惡不同，思惟方式也會全然不同。所以認知絕不單純是理性的作用，你的系統是什麼樣，決定了你有什麼樣的認知。如果系統比較純淨，認知會更客觀；反之，如果系統中情緒、經驗的力量強大，就會影響我們的觀察、思考和判斷。

周：這三種能力本身無所謂好壞，都可以起好的作用，也可以起壞的作用。因爲人是具備這些能力的。

濟：每個人的意志不一樣，情感不一樣，既會發展出高尚心理，也會發展出負面情緒，當我們在思考問題時，這些心理或情緒又會參與其中。所以，每個人的心理狀態決定了你有什麼樣的認知。

周：我們習慣說的眞善美，就是這三種能力得到正確回饋時，理性去認識就是眞，情感去感受就是美，意志去追求就是善。如果這三種能力被欲望和負面情緒控制了，對認知就有不良作用。

濟：如果被欲望、煩惱控制，這三種能力就可能爲欲望、煩惱服務。反過來說，如果和高尚的情操、德行相結合，也會爲其所用。

周：理性可以用來追求眞理，也可以用來滿足欲望，讓人變得越來越複雜，越來越可怕。情感也是一樣，可能是一種美，一種愛，也可能是很多負面情緒。

濟：改變這樣一種狀態，還是要靠理性。因爲糾正偏差離不開認知，而認知離不開理性。只有以理性重新審視生命，接受智慧、道德的教化，才能調整

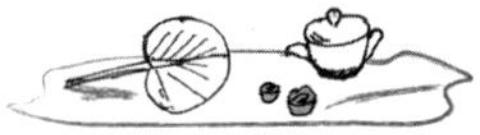

觀念、心態乃至生命品質。人的內心還是對眞善美有一份嚮往，當他接受智慧文化後，會以理性糾正生命存在的偏差。所以佛法對理性的看法有兩面性，既是眾妙之門，可以成就道德和智慧；又是眾禍之根，會成爲一切災難的根源。

周：總的來說，理性是一個工具，本身沒有善惡。爲什麼有人的理性爲善服務，有人的理性爲惡服務？其中起決定性作用的是什麼？覺悟離不開理性，但理性本身是中性的，這個開端在哪裡？

濟：我們學習各種文化的過程中，會對世界和生命建立認知，形成價值判斷。當我們有了判斷之後，理性會立足於這一基礎做出選擇，因爲每個人還是希望自己的生命越來越美好。

周：這是一個假設。

濟：但我們都希望幸福，這一點不是假設吧。

周：對，希望這個生命狀態是好的，不願意它是壞的。

幸福和覺醒

濟：希望過得幸福快樂，包括趨利避害、離苦得樂，都是生命的本能。如果我們透過理性思考，認識到眞善美可以使人趨利避害、離苦得樂，自然會做出這樣的選擇。

周：這是靠理性來認識，追求眞善美和幸福快樂之間的連接。

濟：因爲他認識到這樣做才能有長久的快樂，就像西方的伊比鳩魯認爲，一個人滿足欲望會快樂，但需要有節制，快樂才能長久。

周：這就承認快樂是更加根本的東西，眞善美成爲手段。伊比鳩魯是這樣的，快樂本身就是目的，是最高價値，爲了得到快樂，所以要躲避假惡醜，追求眞善美。完善主義則認爲，眞善美本身就是最高價値，體現了人的尊嚴，是神聖的。可能你在追求過程中伴隨著快樂，但這只是副產品，不是最高目的。這兩派都承認眞善美是好的，但爲什麼好的理由不一樣，一個

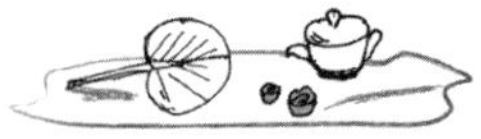

是手段，一個是目的本身。按照佛教來說，應該接近完善主義——這些價值都是好的。

濟：佛法看重的是生命品質，不是簡單地說快樂。佛法認為，任何一種行為和品質，與苦樂是有內在因果的。行為的價值在哪裡？為什麼要遵循道德？因為這是造就高尚生命品質的素材。好好運用這些素材，生命才會不斷增上。

我們現在說到幸福，更多時候會依賴外在環境，認為得到什麼才能幸福，但這樣的幸福其實很脆弱，因為環境會不斷改變，當不如人意的改變發生時，幸福就會隨之失去。所以，眞正的幸福是源於內在生命品質。如果你的存在是慈悲和智慧，就會源源不斷地帶來喜悅。佛法的因果觀告訴我們，有什麼樣的觀念和行為，就會造就相應的心態、人格乃至生命品質。

周：品質是因，幸不幸福是果。

濟：也不是說因果，應該是它直接派生的，是這種品質產生的作用。

周：它是一個副產品，是附加的。

濟：佛法也會從苦樂感受來談，因爲對很多人來說，生命品質聽起來有點抽象，但苦樂就很直接。

周：釋迦牟尼佛出家的開端就是因爲苦吧？因爲要解決苦的問題。

濟：佛陀出家是因爲看到老病死，這些都是苦。

周：幸福和覺醒到底有什麼關係？我想到三個問題。第一是生命層面，有平常心，可以得到平凡的幸福；第二是社會層面，要有進取心，可以得到世間的幸福；第三是靈性層面，要有覺悟和菩提心，可以得到超越的幸福。

中國古代沒有幸福的概念，只有「福」。英文中也沒有，happy 不是幸福，是快樂。德文是 Glück，是幸運、好運的抽象名詞，可以翻譯成幸福。最早討論幸福問題的是亞里斯多德，他所用的詞翻譯成英文，並不是幸福和快樂，而是一種好的存在，有人譯爲良好生活，我覺得比較準確。生命處於一種好的狀態，就是幸福了吧！至於什麼狀態是好的，會有不同

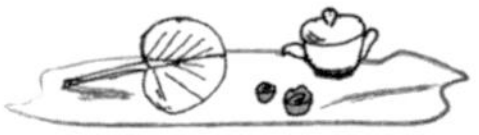

看法，但都是用「幸福」這個詞來體現。

濟：我辦過幾場關於幸福的講座，題目是「心靈創造幸福」，主要講到幾點。首先是如何面對逆境，天有不測風雲，很多人的幸福往往會被逆境打破，所以要學會和逆境相處。其次是幸福要有福，主要講到五福臨門。我覺得古人說的五福比較全面，一是長壽；二是富貴，不僅指物質富有和地位尊貴，也包括精神的富有、生命品質的高貴；三是康寧，身體健康，內心安寧；四是有德，這是幸福的基礎和保障；五是善終，能安詳地離開人世。相較之下，現代人對幸福的理解反而單一，無非是各種享樂。

認識方式的局限

濟：認識世界的方式，決定了我們對世界的認知程度。

周：對個人來說，這種方式是不可能自由選擇的。也就是說，他想用正確的、直達本質的方式，但沒有這個自由。他是什麼樣的人，決定了怎麼認識世界；做爲人的限度，就是他認識世界的限度。因爲悟性是天生的，經過努力可以達到一定高度，但這個高度其實已經被限制了，差距很大。

濟：佛法認爲，業力構成的色身有很大局限性。在物質層面，我們眼睛看到、耳朵聽到、身體感受到的，其實都很遲鈍。在精神層面，意識

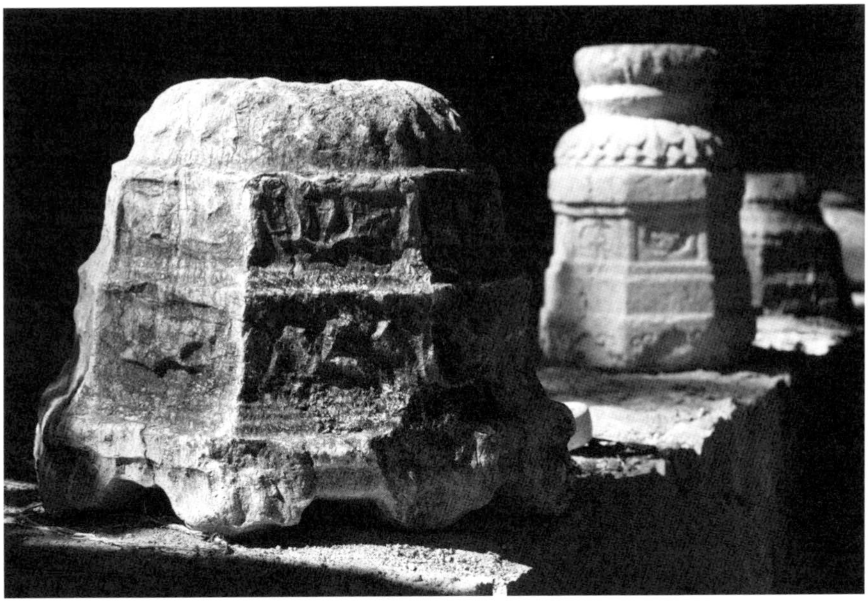

和潛意識的活動會積累種種經驗，進而形成感受，帶來愛取有，干擾我們看世界的方式。

人受制於自身系統，只能這樣看世界、看自己。好在人有理性，可以接受智慧文化，所以讀書和思考特別重要，會讓我們看到自身的不足。只要有開放的心，都可以透過學習提升自己。所有的文化傳承，佛法也好，西方哲學也好，能否對生命系統產生作用，取決於我們對它的認可。這種認可來自你的選擇和判斷，如果你特別自我，固執己見，即使學習也難以提升。

周：從人類整體來說，受到認識器官和認識能力的限制是必然的，不可擺脫的。假設有另一種存在，比如外星人，擁有比人類理性更高級的認識，就會看到不一樣的世界。所以我們一定是在局限中看世界，而且不知道自己的局限在哪裡。因爲我們不可能跳出現有認識，以另一種認識能力來看，然後再作比較。有些哲學家是這樣解釋的：人的這種能力對於生存來說已經足夠，更多的能力是不必要的，也就不會具備。

從個人來說，我覺得兩方面都很重要。一方面是自身悟性，人的靈性程度、把握生活本質的能力很不一樣，有些人會表現出非常好的直覺。另一方面，接受人類積累的經驗也很重要。閱讀無非是把人類積累的經驗放在自己面前，看哪些對自己有參考價值。其中非常重要的一點，如果內心沒有需求，即使擺在面前，他也是看不到的。比如一個人從來不思考人生意義，你給他看佛經，看哲學書，他看了完全不明白，感覺和他沒關係。所以對人類經驗的接受，也受到他所具備的素質支配，這是迴圈的關係。

濟：確實如此，我們在弘法過程中經常會遇到。每個人都活在自己的需求和認知中，如果所說超出需求範圍，不是他關心的，他是聽不進去的，但他並不是沒有這些問題，所以需要啓發。透過有效的啓發讓他認識到：人生確實有這些問題，而且非常重要，因爲這是人類永恆的困惑。如果在以前的時代，或許還能安於現狀，混混沌沌地活著，但在今天這個全球化的世

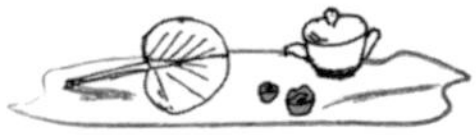

界，我們比以往更能感受到個體的渺小和脆弱，也比以往更浮躁，更缺乏安全感。在這種背景下，給他一些提醒，可以引發思考。

周：我的意思是說，對於處理閱讀和自己內心經驗的關係上，更看重內心經驗，那是一個基礎。我很贊成美國哲學家愛默生說過的一句話：要把自己的生活當作正文，把書籍當作注解。那些東西是來注解你的，但你必須有正文。如果你沒有正文的話，注解放在哪兒？沒地方放。

濟：如果太看重自己的經驗和感覺，會不會受制於此？因爲經驗和感覺有很大的局限性和片面性。

周：我是這樣看的，很多人所謂的經驗和感覺都是假的。他經歷了一些事，但從中得出的東西，並不是從事情本身經過感受和思考得來的。他在經歷的過程中，頭腦裡往往已經有了從外部接受的觀念，始終是用現成的觀念解釋這些事，最後得到的仍是觀念。這種情況很多，比如你在這裡活著，但沒有眞正經歷過，沒有用心體驗你的經歷。

理在心中

周：我想，如果真正用自己的心去體驗，不受觀念、輿論、意見的支配，得出的東西一定是很好的。不然我們還有什麼標準呢？我們沒有標準，自己眞實的經驗就是標準，但一定不能用虛假的經驗去影響它。確實存在著虛假的經驗，就是被觀念操縱的。

濟：你看重的是基於自身經驗產生的標準，還是智者、哲學家提供的標準？是自己來解讀經驗，爲經驗做注解，還是透過這些智慧認識，重新看待並修正自己的經驗？

周：必然有這個過程，要用他們的認識來修正自身的經驗，但這種修正並不是否定。事實上，是透過讀他們的書，發現對經驗的解釋不全面，可以解釋得更準確一些。當我們將自身經驗上升到認識並加以歸納時，可能會發生偏差。我的體會是，看哲學大師的著作，那些讓我心中一亮的，是自己體

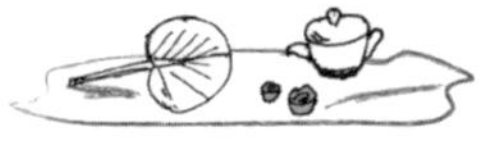

驗到的，而他也這麼說，這樣的東西一定是深刻的。所以讀大師著作最重要的作用，是把我已有的好東西發掘出來——原來我還不知道自己有。這種感覺是最愉快的，更讓我相信宇宙中有共同眞理。大師們的心是眞理存在的地方，我的心也是眞理存在的地方，眞理本身是一樣的。

濟：這裡有兩種情況。我們內心有經驗的層面，也有超出經驗的層面，在學習的過程中，有些理論會因自己曾有相關經驗而引起共鳴，也有的時候，我們可以由此看到自己未曾思考的，乃至生命中未知的部分。

周：是這樣沒錯，我有點把它混在一起了。我說的「經驗」有兩個涵義，一種是你外部經歷了一些事，看到一些人，對世界有一些瞭解，這種經驗當然也需要，但不是最重要的。另一種就是你所說的，超越經驗的經驗。事實上，我們內心深處總有一塊是超越經驗的，是和宇宙相通的，用佛教的話說，就是你的覺性。這部分是相通的，而且會產生很多東西，你平時可能不知道，然後在看大師們表達的眞理時，會發現這個東西自己心中也有，也就是宋明理學說的「理在心中」——天理和人心是一致的。關於人心和宇宙眞理有內在聯繫的觀點，其實中西哲學都有，我們更看重的是這一塊。

當我們講眞理時，就是講和自己內在最深刻的經驗相一致的道理，我們把它稱之爲眞理。一般性的外部經驗，比如這事怎麼處理那事怎麼處理，那些規律性的東西我覺得不重要，和人的覺悟沒關係，無非是處世工具而已。

是二元還是一體

濟：東方的哲學和宗教中，印度教說梵我一如，儒家說天人合一，佛教說依正不二。所謂依正，即做爲依報的山河大地，和做爲正報的個體生命。宋明理學說，我心就是宇宙；佛教說，心的本質就是世界的本質。西方哲學中有這樣的思想嗎？西方的哲學包括宗教，會不會更偏向二元對立？

周：西方哲學強調理性，要在宇宙中尋找理性的根源。從柏拉圖開始就有這個傳統，他說，我們爲什麼會用抽象概念來歸納事物？因爲這些我們以爲是抽象概念的東西，在另一個世界是存在的，那就是理念世界，即純粹精神的世界。我們曾在那裡生活過，靈魂來自那裡，現在投胎到這個世界時，還帶著一些模糊的記憶。慢慢的，記憶清晰起來，我們就能用這些概念來認識事物。也就是說，認識能力是我們對理念世界的回憶。他是把人的認識能力和天連了起來。

德國理性主義哲學家萊布尼茲則說，人能用理性認識世界，因爲人和宇宙之間存在既定的和諧。人生來就有這種和諧，在你的思惟能力和宇宙規律之間，本來就是同樣的結構，所以你才能認識。這和天人合一的思想很像。

如果要爲人的理性能力做認證的話，可能天人合一最方便證明這一點——老天給的，老天也是這樣。這是最方便的一種解釋，所以我覺得並不神祕，實際上是比較容易找到的解釋。

濟：這表達起來不是很清晰。

周：它沒有明確地說：我心就是宇宙，萬物皆備於我，萬物與我爲一。而中國的儒家、道家、孟子、莊子都這麼說。

濟：是不是可以說，西方從宗教到哲學的思惟，總體還是偏向二元對立？

周：它是偏向二元對立，而且想從二走向一，極力把其他元素統一起來。而中國開始就是一，沒有分離爲二，不需要經過這個過程。

西方哲學的開端，是看到世界變化不定，所以它不是眞實的，背後一定有眞實的世界，是永恆、不動、不變的。哲學就是要尋找這個世界，可見它的前提就是二元。而中國道家開始就是「道」，沒有把它分成二元。宋明理學是中國哲學比較興旺的時期，還是把理做爲最根本的本原。西方哲學的邏輯性特別強，世界到底是什麼樣的？一定要用邏輯一步步推出來，解釋得清清楚楚。這當然是一個優點，但也是弱點。因爲世界究竟是什麼，

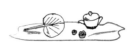

不可能從邏輯上推出來。

濟：唯識宗也有這個特點。對整個世界怎麼建立，有一套嚴謹的理論，說得清清楚楚。

周：問題是把它說清楚了嗎？西方哲學最後說不下去了。玄奘把唯識宗帶到中國，其實它後來在印度也沒有很大的發展。

濟：玄奘離開印度不久，印度佛教就進入了密宗時代。在此過程中，多少吸收了一些印度教的內容，信仰成分加重，教理部分減弱。唯識宗傳入中國後，國人對如此哲學化的教義也不太感興趣，中國傳統文化中，就沒有對心性和世界做系統性的思考。從哲學層面說，諸子百家對宇宙人生的思考還是比較簡單，提出一些概念，沒有形成理論體系。

周：老子和莊子還是對世界做了解釋，孔子沒解釋。我覺得這也是孔子的聰明之處，他知道解釋不了。佛教傳入後，中國哲學開始討論這些玄的問題，所以佛教對中國哲學的發展有很大的推動。我最近寫了一本書，就講到這個問題。王國維是國學大師，可以說是中國近代史學中最偉大的。他年輕時研究德國哲學，對康德、叔本華、尼采下了很大功夫，可是根本沒人理他，發表文章也沒有任何反應。他可能灰心了，得出的結論是——中國不是哲學的民族。他當時用德國哲學的眼光來分析，認爲中國沒有純粹的哲學，孔子、孟子、荀子這些人都是道德家、政治家，不是哲學家。因爲哲學有兩個重點：一是關注根本問題，宇宙的根本是什麼；一是要有嚴格的理論體系，邏輯上要成立。但中國的理論體系中就沒有嚴格的邏輯推理，也很少對宇宙根本的思考，道家有一些，儒家基本上沒有，到宋明理學才有。

西方走了那麼長時間的哲學理論，承認自己失敗了。康德以後，西方哲學基本上是很悲觀的情緒，普遍知道理性是有局限的——哲學這條路走不通。所以開始討論一些簡單的，比如社會問題，不討論根本問題了。

濟：在東方，印度教差不多有三千多年歷史。印度人很早就重視禪修，由此形

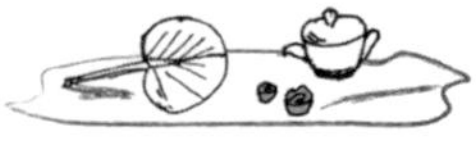

成對生命和世界的解讀，所以各種宗教特別發達。

周：印度的宗教仍然發達嗎？我看他們很分散，崇拜的偶像都不一樣。

濟：印度的宗教很多。比如耆那教，佛教稱爲苦行外道，現在還有大量信眾。我們原來在佛經看到各種關於苦行的描寫，覺得太不可思議了，但現在用網路一搜尋，眞的還有。這些人對信仰的堅定追求，在印度是受尊重的，當然從佛教角度來看，其中很多屬於無益苦行。釋迦牟尼佛出家後也參訪了很多宗教，最後發現這些都不是他要的，不是眞正的解脫和涅槃。所以，修行這條路並不容易。

5

佛學、哲學與人生

—— 2016 年 7 月，上海玉佛寺「覺群人生講壇」。

主持人施琰（SMG上海廣播電視台著名主持人，以下簡稱主）：各位貴賓、各位朋友，大家早安。歡迎來到第十五屆「覺群人生講壇」的現場，讓我們一起跟隨佛陀的智慧光芒，同時也共沐夏日的文化清風。今天是雙休日，大家來到這裡，相信對內在清涼有一份訴求，也相信大家能滿載而歸。說到「覺群文化」，要追溯到十五年前。在覺醒大和尚的倡議下舉辦了覺群文化週，邀請業界專家為大家傳經授道，同時透過佛教文化，讓我們對人生有清醒的認識。今年進一步推出「覺群人生講壇」，希望使佛學與醫學、哲學、藝術有多方面的碰撞，讓我們以更開闊的思路認識人生。本場講壇的入場券在網上發售時，不到兩小時一搶而空。超過八百個座位能這麼快售罄，雖在意料之中，也在意料之外。意料之中，是本場重量級嘉賓的人格魅力決定的；意料之外，是「覺群人生講壇」今年剛舉辦，就有這樣熱烈的回響，可見要常態化地舉辦。我們尊敬的嘉賓，分別是戒幢佛學研究所導師濟群法師和中國社科院哲學研究所的周國平先生。

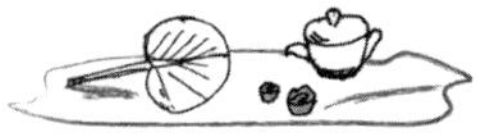

很多人說，我們生活在浮躁的時代，習慣碎片化，乃至和朋友一起吃飯、放鬆的時候，都是低頭一族，不能目光相對。雖然很多人意識到這個問題，但對於如何解決依然迷茫，因爲我們被欲望和煩惱束縛，很難看清自己。這就需要停下腳步，體會一下自己的心。一位是高僧，一位是學者，他們怎麼看待佛法和人生？我們非常期待。

教育不是培訓工具

主：感謝兩位在百忙之中來到現場。我們首先請教的，是和教育相關的問題。教育是百年大計，在座很多聽眾已爲人父母，非常重視孩子的教育，但對中國教育的現狀往往憂慮多過欣喜。對於目前出現的諸多問題，不知濟群法師怎麼看？

濟：教育是社會發展的重要環節。現行教育到底存在什麼問題，會引起全社會的關注，並讓人爲之擔憂？說到教育，主要涉及兩方面，一是教育者，二是教育內容。其中任何一方出現偏差，都會影響到教育效果、受教育者，乃至整個社會。因爲社會各行各業的發展，包括中國夢的實現，關鍵就在於人。可以說，有什麼樣素質的中國人，最終就會實現什麼樣的中國夢。現行教育的重點是傳播知識技能，卻不重視做人的教育。這種危害或許不會在短時間顯現，也不是一兩次考試就能看到的，但必然無法倖免。在科技發達的今天，人類的生產力固然驚人，但破壞力同樣驚人。如果缺乏道德準則，那麼掌握的科學技術越先進，商業手段越豐富，潛在危害就越大。從那些讓全世界危機四伏的核武器，到我們身邊的各種假冒僞劣，乃至破壞環境、有害健康的商品，究其源頭，無不是「教育」的結果。缺乏做人的教育，不僅使現行教育亂相叢生，更是一切社會問題的根源。

什麼是做人的教育？我覺得，既包括如何建立精神追求和道德準則，也包括如何擁有健康生活，身心安樂。在這方面，傳統儒家是關於做人的教育，而佛教被稱爲心性之學，是做人的根本所在。因爲決定生命品質的關

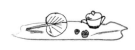

鍵，就在於他有什麼樣的心性。如果一個人心靈扭曲乃至瘋狂，那麼他掌握的知識越多，危害也就越大。

遺憾的是，現行教育在這方面極其薄弱。一個人求學期間，正是心靈成長的關鍵，如果在此階段不能形成正確的世界觀、人生觀、價值觀，就會把這種缺失帶入社會，甚至伴隨一生。所以，未來應該大力弘揚東方傳統文化，這將成爲人們長久受益的精神財富。

主：我們已經發現，出現問題本身就是改變的開始。如果大環境無法改變，其實父母就是孩子的第一任老師，從身邊做起，教孩子怎樣做人。從哲學層面，應該認可二元法，而且有個說法是，沒有矛盾就沒有世界，周老師您站在哲學的角度，怎麼看現行教育存在的矛盾現象？

周：教育最根本的就是培養什麼樣的人，這點和哲學有關。因爲哲學是研究人生、人性的，告訴你人生最重要的是什麼。教育，就應該讓受教育者得到這些。人生最重要的是什麼？我想無非是兩點——一是優秀，一是幸福。

優秀是從人性意義上說的。人是有精神屬性的，要發展好每個人的精神屬性，包括自由的頭腦、豐富的心靈、善良高貴的人格。這樣就優秀了，能享受高層次的幸福。

這就是教育的目標，要把人培養成優秀的人，眞正意義上的人，是以「人」做爲目的。而現行教育急功近利，從小學到大學，透過應試教育的選拔，培養出應付考試的人，最終目標就是有個好職業。這就混淆了教育和培訓的概念，把教育做成了培訓，只是把人訓練成好用、能幹的工具。當然培訓也是需要的，但只是謀生手段，不能沒有教育。

在這種情況下，就會出現應試教育加急功近利形成的惡性競爭。大家都在這條路上往前衝，讓孩子超額學習，上各種課外班，就怕輸在起跑線上。從家長到孩子都變得很焦慮、很緊張。我自己就是家長，女兒十八歲上大學了，之前從沒上過課外班。當然她成績很好，自覺自律。兒子九歲，小學三年級，很愛玩，很難接受現在的應試課程，尤其討厭語文課。其實我

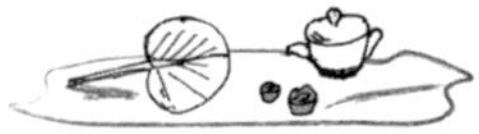

覺得男孩子愛玩沒什麼，小時候快樂健康是最重要的。

主： 這倒沒有想到，沒有遺傳您。

周： 我也非常懷疑，兒子的語文怎麼那麼差？後來我發現，語文的教學方式是死記硬背、鑽研字眼，孩子很討厭這種方式。其實他敘述事情非常清晰，但因爲討厭寫生字，作文中很多字寫不出來，所以成績總是不好。發現這一點後，我就對兒子說：「你看爸爸的語文怎麼樣？」他說：「你是作家，語文當然很好。」我說：「我小學時語文也不好，這不重要。語文主要是培養語言表達能力，你的表達能力很好，等你會了這些字，就可以寫出好文章。沒關係，好好玩吧。」我當時唯一的擔心，是成績不好造成他的心理壓力，我要去除他的壓力。

我覺得在中國的考試體系下，小學、國中的成績一點都不重要，和他將來有沒有出息沒有必然聯繫。看明白這一點，也希望家長們不要太在乎考試成績，不要再給孩子施加壓力。中國家長有個很大的盲點，是想把孩子的一輩子安排好，爲他規劃到未來：好的幼稚園，好的小學、中學、大學，然後找到好工作，覺得這樣就是對孩子負責。

我就告訴他們，孩子的未來絕不掌握在家長手上。掌握在誰的手上？一半掌握在自己手上，一半掌握在佛的手上。他以後的遭遇，家長是無法預料也無法控制的，所以孩子應對外在遭遇的心態和能力非常重要。對於家長和學校來說，孩子小時候最重要的是什麼？要讓他們有幸福、有意義的童年，有良好的心態，具備自己創造幸福、承受人生苦難的能力。這才是對他未來最重要的，也是家長可以出力的。

主：我們常常聽到一句話，方向遠比速度更重要，但現在有些教育本末倒置，總覺得不要輸在起跑線上，要加速奔跑。其實每個孩子都是寶，不要急於一時。

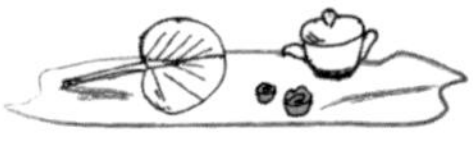

佛法和哲學的共通性

主：今天的話題，是哲學和佛教之間有沒有共通性？在歷史上，有些哲人本身也是修行人。法師認爲兩者之間是什麼關係？有什麼差異和共通性？

濟：哲學和佛法有共同關注的問題，這是我和周老師能夠多次對話的原因。西方哲學叫愛智慧，而佛法是人生智慧。知識關注現象，智慧關注本質，包括我是誰、生與死、世界眞相等終極問題。在這一點上，哲學和佛學是相通的。

佛法修行特別強調對自我和世界的正確認識，認爲正見是覺醒和解脫的開端。反過來說，人類爲什麼有無窮無盡的煩惱？都是源於對自己和世界的誤解：看不清自己，才會有關於「我」的煩惱；看不清世界，才會有關於世界的煩惱。如何擺脫煩惱？就要透過聞思樹立正見。

佛法有聲聞乘和菩薩乘之分。聲聞乘的教義比較樸素，重點闡述苦、空、無常、無我等。菩薩乘的教義更為深奧，從中觀、唯識、如來藏等不同角度闡述正見。漢傳佛教的八大宗派，如天台、華嚴、唯識、三論等宗，都有完善的哲學體系，讓我們能更好地認識自我和世界眞相。

我們知道哲學重視理性，透過理性思惟來認識自我和世界。佛教同樣重視理性，認為「知之一字，眾妙之門」，正因為如此，佛教在六道中最看重人的身分，認為人身是開啓智慧、認識眞理、改變命運的關鍵。但僅僅憑藉理性是無法透徹世界眞相，也無法認識自己的，所以除了理性之外，佛法特別強調禪修。具備聞思正見後，還要透過實證實修，才能直達本質。禪修有止和觀兩個層面。止是讓心靜下來，不再被欲望和念頭左右，有了定力，才能培養觀照力，即深層的認識能力。佛法認為每個人都能認識自己和世界，但這種能力屬於潛在智慧，不是理性或思惟可以抵達的，必須透過禪修才能開啓。在這一點上，佛法和哲學是不同的。

主：佛教講聞思修，聞而思，思而修，修而證。但說到哲學，「覺群樓」正前

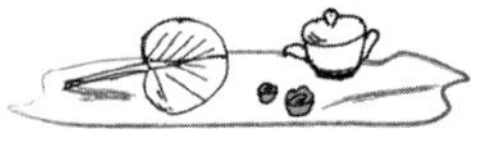

方有一塊匾是「哲學之府」，是不是意味著，哲學和佛學是你中有我、我中有你的關係？

周：我覺得是相通的。但我首先要表態，我從內心認爲，佛學是最深刻、最精妙的哲學，沒有一種哲學比得上。哲學、佛學，包括基督教要解決的問題，都是「人生的意義」。爲了解決這個問題，就要弄清世界眞相是什麼，從中找到根據，才能過有意義的人生。從這一點來說，哲學也好，宗教也好，都是讓人覺醒，讓人懂得人生的根本道理，解決怎麼度過人生的問題。所以覺醒是它們的共同目標，在這一點上，哲學和佛法非常一致。孔子說：「朝聞道，夕死可矣。」人生的根本任務就是聞道，知道人生道理。蘇格拉底說，未經思考的人生不值得一過。如果沒有經過思考，就感到人生沒價值，內心不踏實，一定要想明白才釋然。釋迦牟尼佛也說，沒有聽聞正確教法活一百年，不如聽聞正確教法活一年。

這些言語非常相似，可見人生最重要的就是覺醒，但解決問題的途徑有所差別。哲學主要是靠理性思惟，用自己的頭腦想明白這些道理。在這一點上，剛才濟群法師說，佛教非常重視理性思惟，但理性有它的局限性。其實我覺得佛教非常重視認識問題，因爲要尋找痛苦煩惱的根源，最後找到——錯誤認識導致煩惱，正確認識才能達到圓滿境界。所以認識是最根本的。

和西方哲學、尤其是中國哲學相比，佛教在認識論這部分非常強大，這一點對中國哲學產生了很大影響。如果佛教沒有在兩漢時期傳入中國，中國的認識論是非常薄弱的，從那以後，尤其到宋明時期，一直在研究認識問題。而且宋明理學的心學，如陸九淵、王陽明的觀點受佛教影響很大。因爲我們最後會發現，要認識世界，光靠理性思惟是不夠的，還要靠直覺的智慧。佛教強調內在智慧，指出世人本來是有覺性的，要把它開發出來。後來王陽明也強調這一點，要開發良知。心本來是乾淨的，只是有了灰塵，把灰塵去掉，就能看到世界本相。

西方哲學僅一條思路——用理性思惟研究世界的本質是什麼，進而指導人生。但走了兩千多年後發現——這條路走不通。所以現在西方哲學出現了危機，很多大哲學家都對東方哲學感興趣，比如海德格爾對老子很感興趣。

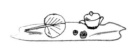

主：辯證思考是哲學非常重要的方式，禪宗也說：小疑小悟，大疑大悟。

佛菩薩如何保佑眾生

主：縱觀其他宗教，有神論也罷，宗教導師也罷，塑造的都是全知全能的角色。但佛教是無神論，而且佛陀是全知而非全能。這一點很多人不明白：如果不是全能的話，那麼多善男信女去求，說有求必應，是不是有矛盾？

濟：佛教和其他宗教最大的不同在於，一般宗教會建立主宰神的崇拜，認爲有萬能的神創造世界、決定命運。但佛教不認爲有萬能的神，而是提出「業力」的概念。所謂業，即行爲衍生的果，由此決定眾生命運。

如果說佛菩薩不是萬能的，那麼信眾到寺院燒香拜佛，佛菩薩到底有沒有能力保佑他們？這就涉及一個問題：佛教存在的意義是什麼？是不是如我們以爲的，只是求保佑？事實上，這並不是學佛最重要的目的。佛法是人生智慧，也是心靈教育，其作用是引導我們認識諸法實相，進而斷煩惱、開智慧、長慈悲。一個人學佛是否受益，就看你的貪瞋癡有沒有減少，智慧和慈悲有沒有增加，這才是佛菩薩對我們眞正的加持。這個過程主要靠自己完成，但運用的智慧和方法來自佛教。因爲佛陀是覺者，他透過修行看清人生眞相和因果規律後，再把這些道理告訴眾生。我們來到寺院，眞正要做的是學習智慧，將之變成自己的認識，這才是究竟的加持。

另一方面，佛菩薩到底能不能像信眾希望的那樣，如保護神般地保佑我們？答案並不是簡單的是與否。佛菩薩不是全能的，但也不是不能，關鍵在於我們能否接收到這些加持。其實每個人的存在都有自身氣場，並會由內而外地顯現出來，對他人產生影響。這種影響可能是良性的，也可能是惡性的，從程度來說，能力大的產生大的影響，能力小的產生小的影響。此外也和彼此是否相應有關，我們應該有這樣的經驗，面對寧靜祥和的人，就容易安靜下來；面對浮躁不安的人，心也會起伏不定。但如果一個人內心完全封閉，外境就很難對他產生影響，就像陽光普照天地，若你把自己封閉起來，也是照不到的。同樣的道理，雖然佛菩薩有無限的慈悲和能量，但只有眾生的心與之相應時，才能得到加持。

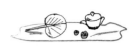

主：所以進入寺院，一方面是來學習佛菩薩的智慧，另一方面在這樣的能量場中，確實能得到加持。我們知道周老師研究哲學，對佛教的認知也日益精深，您怎麼看待佛教的無神論，包括佛菩薩的加持？

周：同樣是宗教，基督教和佛教在有神無神這點上是相反的。基督教強調上帝的啟示，但佛教把自力放在首位。至於能否得到保佑的問題，也是自力更重要。釋迦牟尼佛在世時，從來沒有暗示他是神，還對弟子說：我不在後，你們一是靠法，一是靠自己。他沒有說，靠我來保佑你。原始佛教一直把釋迦牟尼佛看作是人，是個覺者。對於信眾來說，如果把佛陀當作覺者，當作覺醒的巨大力量，這樣的話，實際上已經在保佑你，很多問題也容易被解決。過分強調佛陀像神那樣保佑你，是偷懶的辦法，最終還是要靠自己。佛陀也教導大家要發掘自己的覺性，把這點放在首位。我覺得，應該是這樣的位置。

因果的不同解讀

主：佛教是講因果的，萬法皆空，唯因果不空。但人要眼見爲實，比如今天出去淋雨，回來感冒了；或者種下玫瑰，幾天後開花了，這些都是因果關係。但某些因果有點看不懂，比如有人一輩子行善積德，結果車禍了；或是有人作惡多端，卻逍遙法外，過得挺好。爲什麼因果沒在他們身上發生？怎麼用因果觀看待這些事？

濟：因果是多元而錯綜複雜的，貫穿生命的過去、現在、未來。現在的部分是

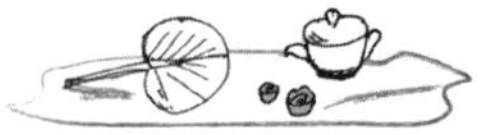

大家看到的，容易理解。那什麼是過去的因？比如有關健康的因果，除了飲食、起居要規律，還要加強鍛鍊，避免影響健康的外在因素。即使同樣做到這些，每個人的身體狀況還是有很大不同，因爲受基因的影響，這是往昔業力招感的。再如人際關係，不僅取決於我們對他人有沒有愛心、利他心、慈悲心，有沒有交流的善巧，還取決於人與人之間的緣分。再如經商，既要經營有道，講究誠信，也要廣結善緣，讓他人認同並接受自己，還要有賺錢的福報。總之，世間任何現象都是眾多條件決定的，只有瞭解因果原理，才能把每一步做好，最後結出理想的果。絕不是做好一件事，其他就可以了。

至於好人遇到不幸的事，有人因此歸結爲「好人沒好報」，其實是把問題簡單化了。其中涉及幾點：首先，他究竟是不是好人？我們很多時候看到的只是一方面，未必瞭解全部眞相。其次，我們對好人往往有一種期待，覺得他既然是好人，關於他的一切都應該是好的。如果出現什麼不如意，不符合自己的設定，就會放大這個問題。事實上，是不是所有好人都沒好報呢？如果從整個社會調查，到底是好人有好報的多，還是好人沒好報的多？結果未必是我們以爲的那樣。只是我們平時忽略了有好報這部分，覺得這是正常現象，反而關注了沒好報的那部分。

關於因果還有兩句話，叫作「不是不報，時候未到」。由業感果的時間並不一定，就像你說的種花，可能幾天就開，可能幾個月甚至幾年才開，也可能因爲養護不當而不開，其中受到諸多因素的影響。在今天這個社會，人們不願或不敢講究誠信，覺得這樣做會吃虧，但我問過很多人：你願意交有誠信還是沒誠信的朋友？事實上，大家都希望交有誠信的朋友。這就證明，有誠信一定比沒誠信的人更能受到認可，當他做事的時候，也一定有更多善緣相助。

主：我想起有個故事。一位信徒問菩薩：我這麼善良，安貧守道地活著，但沒有富貴，沒有成功，那些整天鑽營的人卻成功了，這公平嗎？菩薩告訴他

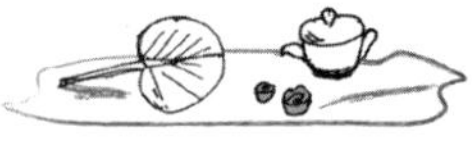

說，你活得平靜、善良、祥和，就是對你最大的公平。所以，菩薩畏因，凡夫畏果，種下善因非常重要。說到因果，在哲學範疇中是不是有相關說法？比如邏輯，可以算是因果的另一種解釋嗎？

周：因果關係也是哲學的重要範疇。剛才說的因果問題，因是業，是行爲、品性，果是報應，就是行爲和報應之間的關係。從哲學來說，一個人能不能支配自己的行爲？對此有兩種看法，爭論得很激烈。一種認爲人有自由意志，可以支配自身行爲。另一種是機械因果論，認爲所有行爲都是有原因的，可以推到無限多的原因，由此決定你今天的行爲，也決定你是這樣的人，這些行爲是被決定的，你沒有自主權。如果你有自由意志，就必須負起道德責任；如果你不能支配自己的行爲，就不用負道德責任。

孔子對此有個很通達的看法，他認爲人是有自控能力的，所以要對行爲負責。一個人有什麼樣的行爲，就有什麼樣的品性，至於這個行爲能不能給你帶來世俗幸福，這不一定。還有個說法是「生死有命，富貴在天」，這是宿命論，說的是人能不能支配自己的外在遭遇。而因果決定論探討的，是人能不能支配自己的行爲，對自己成爲什麼樣的人有沒有自主權。那要用什麼態度對待呢？就是對自己能作主的方面要努力，但對最後的果報，對自己在世間的遭遇是幸還是不幸，這是自己不能做主的，那就隨緣，順其自然。佛教叫作「因上努力，果上隨緣」，抱這樣一種態度。

說到善有善報，惡有惡報，有些人說，你今天得了惡報，是因爲前世作了孽；如果現在造了惡業，今生沒有報應，來生也會得報應，是用輪迴來解釋這個問題。當然也可以這樣解釋，但我覺得其實都是現世報。比如你做一個善良、品德高尚的人，本身就是對你的好報，因爲這會讓自己感到做人的尊嚴，難道不是好報嗎？一個人做盡壞事，從來沒享受做人的樂趣和珍貴，難道不是報應嗎？這是最大的報應，因爲這類人活著就沒意義。

主：一個善良、心態平和的好人，最後即使沒有善終，但前半生過得自在隨緣，就是好報。如果一個人看似在富貴中，但晚上睡不著，爲如何害人而

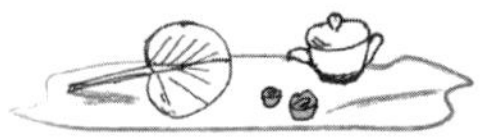

焦灼，也如同活在煉獄中。也可以從這個角度理解因果。

自我與無我

主：今天的主題是「佛法與人生」，是環繞著人來說的，具體而言，就是關於自我的問題。西方哲學很重視自我，比如蘇格拉底把「認識自我」放在哲學範疇，而現代哲學又把「認識你自己」做爲認識論的一部分。可是我們知道，佛學是強調無我的。一個要不斷發掘自我，一個要放下我執，表面看似乎有矛盾之處。先請周老師講一講，相對佛法的無我，西方哲學中的自我是什麼概念。

周：蘇格拉底講「認識自我」，其實他所在的時代並不是非常重視自我，這個格言是要認識自己的局限性，所以蘇格拉底還說了一句名言：「我知道自己一無所知」——對於終極的、最深奧的東西，我是不知道的。因爲他說出這句話，當時德爾菲神廟的神女就說，他是雅典最有智慧的人，因爲蘇格拉底看到了人的局限性。

強調自我個性，是在文藝復興之後。文藝復興以來很重要的觀點就是個人主義，認爲每個人都是獨一無二、不可重複的，本身都是有價值的，不能否定的。尼采說的「成爲你自己」，更是強調個體的價值、自我的唯一性。

強調個人價值是西方倫理學的核心觀點，在個人和社會的關係中，個人是最基本的，社會是爲了成就個人而存在的。在他們建立的法治社會中，核心就是保護個人自由，每個人都要尊重他人的自由，阻止侵犯他人自由的行爲，否則就要受到法律制裁。我們經常把損人和利己放在一起，事實上是兩回事。西方強調利己，你可以追求自己的合理利益，但不能損害他人利益，這是基本原則。

這些並不是本體的概念。從本體來說，自我內在的東西到底是什麼？各有各的說法。比較常見的，柏拉圖以來到基督教，靈魂是自我的核心，是大

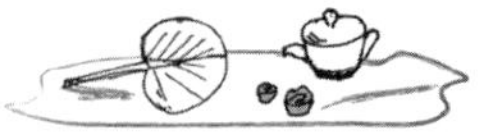

我，不是小我。實際上佛教未必是否定自我，而是強調不能執著有我。我想，尊重個體是有價值的，這點應該是共同的。但個體並不是最後的，小我身上還有更高的自我——從哲學來說是理性；從佛教來說是覺性；從基督教來說是靈魂，是上帝派到你身上的代表。這個更高的自我，才是本質所在。

主：西方強調個人主義和自我價值的實現，但佛法以放下爲第一要素，放下才能自在。法師怎麼看待這個問題？

濟：自我還是無我，關鍵在於怎麼理解「我」。西方哲學強調自我的獨特性，其實在佛教看來，從人到世間萬物，每個存在都是緣起的，獨一無二的。無我並不否定生命現象的存在，也不否定這種獨特性，而是否定對自我的錯誤認定和執著，只有去除附加於「我」的種種誤解，才能找到自己。西方哲學在追求獨特性的過程中，會導致個人主義、自我中心，發展出自我的重要感、優越感、主宰欲。事實上，這些感覺非常虛幻，會讓人迷失自我，是一切煩惱的根源。無我要否定的，正是對自我的誤解、執著，以及由此帶來的三種感覺。

周：假我，無我，有沒有眞我？

濟：佛教也有類似表達，《涅槃經》就說到「常樂我淨」，但這種概念容易讓人產生誤解。佛教中，通常是以一系列否定來呈現。如果不否定對自我的錯誤認識，直接建立眞我，很容易和自我的錯誤認識混淆，所以一般不講眞我。

主：無我並不是否定個體的存在，而是否定恆常不變性。因爲個體是因緣和合的，逃不脫成住壞空的規律，放下對自我的執著，就是脫離痛苦的開始。有人曾經比喻說，哲學是頭腦運動，比如看待世界時就不斷地在發現矛盾，然後經過思考，尋找眞理在哪裡，問題如何解決。佛法是心性之學，明朝的王陽明就提出了心學的概念。一個是用頭腦思考，一個是心學，那麼頭腦和心的區別在哪裡，又有什麼共同處？

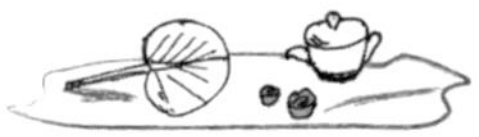

周：依我的理解，頭腦是指理性思惟。人是透過歸納認識事物的，沒有以概念存在的事物，都是個體事物。比如我們看多了茶杯之後，給它進行概括，這就是「茶杯」，且代表所有的茶杯，但抽象的茶杯是不存在的。認識世界必須有這個過程，用邏輯思惟形成概念，概念和概念之間有推理關係，然後用語言表述，這都是頭腦的作用。但心的作用是直覺的智慧，超越邏輯思惟。要認識世界眞相，必須靠直覺的智慧，經由理性思惟是無法達到的。

佛教開始就是走這條路，把智慧看得比理性更重要，陽明心學也是這樣。

現在一些西方哲學家，比如二十世紀最重要的哲學家海德格爾也開始走這條路，靠內在感悟去領會世界到底是什麼，因爲靠邏輯思惟走不通了。

主：學佛是爲了明心見性，但很難一開始就達到這個目的，在那之前還需要工具，比如在修行過程中，還是要把頭腦思考做爲第一步，再進入修心的範疇。

濟：經常聽到用腦和用心的問題，可能我從開始就接受了佛教教育，所以對這個問題不是很清楚。從佛法來說，人所有的思惟，包括情感、意志、理性、分別、注意力等，都屬於心的作用，大腦只是思惟的載體。佛教將人對世界的認識歸納爲十八界，即六根、六塵、六識。我們有眼耳鼻舌身意六根，外境有色聲香味觸法六塵，當六根接觸六塵時，會生成眼識、耳識、鼻識、舌識、身識、意識。做爲認識器官的根身，包括大腦，只是心識活動的載體，並不是主導。當然心的活動離不開載體，如果相關器官壞了，認識就會受到影響。佛教講緣起，思惟也是眾緣和合形成的，六根只是起載體的作用，並不是思惟本身。所以佛法認爲，所有思惟都是心的作用，而不是大腦。

空，還是有

主：眞正走進佛學時，用通俗的話說，就是「燒腦之旅」。佛學講緣起性空，對空有很多描述，說「眞空妙有」，又說「眞空非空，妙有非有」，還

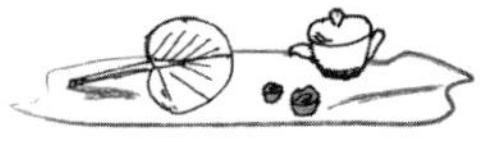

有《心經》的「色即是空，空即是色」。那到底是有還是沒有？「有」和「空」之間是什麼關係？

濟：談空說有，是佛法的核心內容。有，是代表現象的存在，包括每個人的存在、活動場所的存在，乃至世間一切的存在。對存在的認識，決定了我們會產生什麼樣的心。凡夫因爲無明，總是孤立地看待現象，認爲它是獨立的，由此產生自性見，甚至永恆的期待。事實上，很多煩惱都和期待有關，有期待，就會有失望、抱怨、糾結，甚至瞋恨。

學佛就是透過聞思修建立正見，以緣起的智慧觀察一切，看清所有的存在只是條件、關係的假象。不論我們自身還是宇宙萬有，離開條件和關係，並沒有固定不變的存在，沒有所謂的「自己」，這就是佛教所說的「緣聚則生，緣散則滅」。所謂有，只是條件的聚合，是假有、幻有；所謂空，不是什麼都沒有，而是沒有獨存不變的自性。明白這個道理，我們就知道有和空其實是一體的。比如這個扇子，它既是有，是條件、關係的存在，同時也是空，離開組成它的條件，並沒有獨立不變的自性。雖然沒有自性，但不能說扇子不存在，假有的現象還是存在。這就是中道的智慧。不少人喜歡《心經》和《金剛經》。《心經》的「色即是空，空即是色；色不異空，空不異色」告訴我們，空和有是不二的。按《金剛經》的解讀，則是「所謂扇子，即非扇子，是名扇子」。扇子是什麼？離開條件是沒有扇子的，但不能說扇子不存在。當相關條件具備了，我們給它安立「扇子」的名字，如此而已。這種空有不二的智慧，可以引導我們認清事物眞相，無住生心。

主：空和有是不二的。我的理解，好比玉佛寺的這些大樹，冬天樹葉落光，就像空了，有人還爲此傷感，但到春天它又滿樹新芽了，它是一個循環往復，空有是一體的。想到這些，原有的情緒可以得到安頓，所謂空，只是幻有的空。哲學中有沒有對空的解釋？

周：我理解法師的意思是，緣起是根本的。因爲是緣起，所以是假有；也因爲

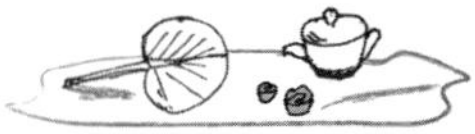

緣起，所以是空。佛法認爲眞有不存在，知道這一點就可以超然。西方恰恰相反，他們不能容忍假有背後沒有眞有，哲學就是這麼產生的。

有形的世界是無常的，但背後一定有無形的存在，否則他們就要慌了——那不就什麼都沒了？所以一定要找到永恆的存在，即不變的本體世界。物質的本體，比如水或是火；精神的本體，比如基督教的上帝。他們反感假有被否定後沒有最後的根據，所以西方哲學沒有空的概念，一定要在假有背後找到眞有，事實上就是神。不管發生什麼，神是永恆不變的，這是西方哲學的思路。雖然這個思路出了很大問題，但我想，如果站在西方人的觀點看，因爲假有背後沒有眞有而感到恐慌，這種感覺是不是也有一定的道理呢？

濟：如果停留在對假有的認識，看到一切都是虛假的，確實會讓人心生恐慌。其實佛教說假有是建構一個因果體系，雖然不是常的，但也不會斷。西方哲學或是落入常見，或是落入斷見，而佛教恰恰是要遠離常見和斷見，這

静心

種不常不斷的中道觀，正是諸法的眞實相。

如何安心

主：前面進行了學術方面的探討，接下來問一個現實的問題。我們生活在娑婆世界，每天被各種情緒困擾，相信大家在自我觀察下，心緒時刻都萬馬奔騰，不由自己操控。怎麼調伏自心，自我觀照？

濟：現代人的最大特點就是混亂，總是被焦慮、恐懼、沒有安全感等負面情緒困擾。這使得我們無法安下心來，甚至失去休息的能力，身心疲憊。佛教自古就被稱爲心學，重點就是引導我們認識並管理自己的心。近年來，我和心理學界有多次對話，大家普遍感覺，佛法關於心性的理論比心理學更究竟，值得借鑑。怎樣從佛法角度解決情緒和心理問題？

首先是透過聞思對心加以盤點。心是多元、複合的存在，並不是單一的。很多負面情緒和我們的認識有關，如果缺乏智慧，可能一直在往內心扔垃圾。其實每種心理都有產生過程，比如焦慮、恐懼、嫉妒、仇恨等煩惱，並不是開始就那麼強大，但因爲我們對心缺少瞭解，總是在不知不覺間爲它們提供養分，最終使自己陷入其中，無法自拔。現代很多人富裕起來了，但並不開心，就是因爲有太多負面情緒，不斷製造痛苦。事實上，心既是痛苦的源頭，也是快樂的源頭，只要擺脫情緒，回歸心的本來狀態，不需要什麼外在條件，本身就能產生寧靜和歡喜。

其次是透過禪修培養定力。釋迦佛對人類最大的貢獻，是發現每個人都有解除煩惱、自我拯救的能力，禪修就是認識並開發內心本具的力量。當心靜下來，生起觀照力，就有能力化解情緒，做自己的主人，這樣我們才是自由的，否則永遠都在被控、被左右的狀態。

主：佛教講緣起，今天就是非常棒的緣起。怎麼讓自己心緒平靜？身爲哲學研究者，不知周老師平時有煩惱嗎？怎麼解決？

周：我覺得煩惱有兩種。一種是自己製造的，往往是價值觀出了問題。我覺得

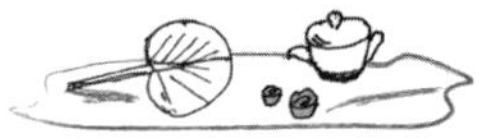

人一定要弄清自己要什麼，明白人生什麼是重要的，什麼是次要的。重要的看得準，抓得住；不重要的看得開，放得下。如果這也要，那也要，一定充滿煩惱。知道要什麼，涉及價值觀的問題。當然，不同的人在乎的東西不一樣，但和佛法的基本觀點一致——不要跟著社會潮流走，否則痛苦沒完沒了。

另一種煩惱是遇事不能正確面對。有些遭遇不是自己製造的，但你碰到了，不能正確面對，也容易帶來煩惱。對於自己不能支配的遭遇，發生以後，要有適當的態度去面對。我非常強調一個人要和自己的外部遭遇拉開距離，學哲學給我最大的好處，是讓我有了分身術，能把自己分成兩個「我」：一個「我」在社會上活動，做各種事，另一個「我」就像保鏢在上面看著。我會經常讓身體的「我」，回到更高的「我」這邊，向他彙報，和他談心，看看有什麼問題。這麼做的好處，就是你遇到什麼事都會有距離感。人不能和自己的外在遭遇零距離，否則再小的問題都會被放大，糾結個沒完，最後死在一件小事上，或是生不如死。整天在那裡糾結有什麼意思？如果你能俯視自我，有這個立足點的話，即使大的苦難都能承受。

主：周教授的說法，在佛教中也有類似解釋，應該是自我觀照吧？

濟：就是內觀。當你靜下來，會發現內心有一種觀照力，用它來審視自己的心理活動。當你發展出觀照力的時候，才有能力做出選擇，不受情緒的干擾和影響。否則，情緒、想法會成爲你的一切，牢牢地抓住你。

主：所以說，周教授雖然是哲學研究者，但已經用佛法指導自己的生活了。

周：是的。哲學中有的，佛法都有。

極樂世界在哪裡

主：愛因斯坦說過，如果有一個宗教和科學完全相合的話，就只有佛教了。接下來的問題，我是代表所有朋友問的，極樂世界眞的存在嗎？是多維空間

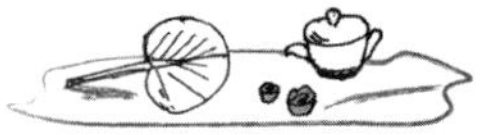

的物理存在，還是虛擬的安慰？

濟：佛法立足於宇宙看世界，所以經中常出現恆河沙數世界的描述。從無限的宇宙來說，有一個極樂世界，並不是什麼不可能，如果我們因爲自己看不見就否定，未免太自以爲是了。從佛教徒的角度，我們相信佛陀的智慧，既然佛陀在二千五百多年前就可以看到宇宙有十方微塵數世界，而現代人直到哈伯太空望遠鏡出現後才開始有這些概念，憑這一點，我們就沒理由不相信佛陀所說。

類似的概念，西方哲學有理想國、烏托邦，但並沒有眞正成立。不能成立的關鍵在於破除私有制，因人都有我執，有私心，如果沒有淨除我執和私心，就不可能建立公有制的社會。佛教的淨土思想，則是從淨化心靈開始。當我們去除內心的貪婪、仇恨、煩惱，就能建立理想世界，所謂「心淨則國土淨」。如果不解決人類自身的問題，是不可能成就這個理想的。

隨著科學的發展，人類的物質生活獲得極大的改善。但科學在改善世界的同時，卻沒有對人自身加以改善，反而在某些方面縱容了人類的劣根性。結果科學越發達，人類自身的問題反而越多，世界也變得越麻煩。所以在今天，如何提升自己比任何時代更爲重要。

主：說到極樂世界，我有一個單純的假想：如果讓一百年前的人來到現在，會以爲我們生活在極樂世界——外面是酷暑，裡面這麼清涼；拿一個方塊就可以千里對話；上一個帶翅膀的鐵殼，就能一日千里地飛到另一個地方。這是以前無法想像的。科學已經證實，在無限宇宙中，很多星球存在的時間數倍於地球，上面也可能有智慧生命存在。按照人類的邏輯，發展到今天，對我們而言是不是極樂世界？可以這麼理解嗎？

濟：佛教講的極樂世界，不僅有良好的物質條件，更重要的是人們心態健康，自在安樂。現在雖然科技發達了，生活優越了，但很多人並沒有因此感到幸福，反而因爲看到的越多，攀比物件越多，煩惱也越來越多。所以極樂世界不僅指外在環境，更重要的是內心提升。

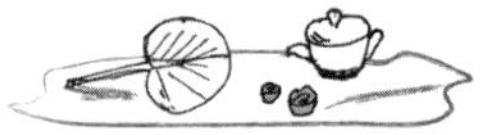

主：佛教都是講不要朝外找答案，要自我發掘，透過不斷向內探索，找到極樂世界。那麼在哲學層面看，最終目的是哪裡？有極樂世界嗎？

周：有啊，共產主義。我覺得極樂世界不是物理空間，是一個精神世界。就像法師說的，透過學佛法不再有我執，不再自私，就是極樂世界。這個理想能在地球實現嗎？我覺得是有問號的。精神境界的極樂世界，每個人都可以在內心實現，透過學佛也好，哲學思考也好，最後覺醒了，內心平靜、快樂了，就是生活中的極樂世界。

現場問答

主：今天很多人是帶著困惑和思考來的，機會難得，有什麼問題可以舉手。

問：佛教讓我們去除我執和貪瞋癡。我學佛後，身邊不少男性朋友都表示對佛法有興趣，我也和大家相處得很愉快。那我選男朋友時，到底要和誰在一起呢？

主：這個問題周老師更適合回答，因爲您更有經驗一些。

周：我覺得要尊重自己的感覺，別人是很難判斷的。既然是情感的問題，一是要相信最初的直覺，這個直覺很重要。有人說過，愛情上的第一眼，就是千里眼。另外，我覺得不要用完美的標準衡量，那你永遠找不到。

主：學佛之後，看待眾生是平等的，你覺得每個人身上都有優點，難以取捨，這也是很大的問題。如果沒人讓你有特別的感覺，那他們可能都不是你的選擇。

問：法師法務非常繁忙，但平時走路都很輕盈。我想問的是，如何在繁忙的講課和弘法中，保持每日的修行？

濟：世間確實有很多事，但一件一件去做，再多的事只是一件事。在做每一件事情時，安住當下，用心去做，且不執著結果，也不在意別人的看法，就不會給自己增加不必要的負擔。這樣的做事並不妨礙修行，甚至可以在做事中修行。此外，做多少事也在於你的選擇，覺得精神好就多做一些，覺

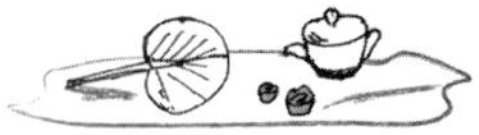

得累就少做一些，主動權在自己手中。

主：生活就是修行，行住坐臥都可以是修行，都可以表法。

問：聽法師解說萬事皆空很有感覺，但自己是凡夫俗子，雖然想朝身心清淨的方向努力，但常常覺得心存煩惱，怎麼辦？

濟：說空，不是說說就空了，關鍵是透過聞思修瞭解空的智慧，並成爲自己隨時起用的認知，以此看待世界，處理問題。這樣做的時候，空的智慧才能在你身上產生作用。否則即使知道空，但面對事情時還是用固有觀念，還是會執著、會在乎，自然煩惱重重，怎麼可能空？學佛是生命改造工程，是在接受一種智慧並運用於生活，這需要積累，需要在老師指導下一步步學修，不是那麼簡單的。

主：學習有個次第。

問：濟群法師和周教授都談到，我們對世界的認知，一方面靠理性思惟，一方面靠直覺的智慧。我曾聽說，直覺是可以透過訓練提高的，也有人說直覺來自經驗。那麼，理性思惟和直覺之間是什麼關係？是不是可以透過理性思惟訓練直覺？

周：我覺得直覺不是技術，是不能透過人爲訓練達到的。好的直覺實際上是一個整體，在某一點爆發了。這個整體是長期積累的過程，包括你的人生經驗，但不僅是外部經驗，也有內在體驗，這些積累到一定程度，才能形成比較好的直覺智慧，可以經常爆發直覺。

要說修煉的話，我想是讓心進入一種狀態，比如禪修，讓自己進入清淨的狀態，有助於開發直覺智慧。但我想，整體素質非常重要，哲學或文學史上那些大師都是直覺非常好的人，但這不是透過某段時間的訓練，或是做某件事就行了，一定是天賦加上後天豐富的積累形成的。所以直覺好不好，有天賦的問題，內心有創造性的大師一定是天賦極好的，才可能在這方面的直覺超乎常人。

濟：理性可以讓我們對自己和世界建立正確認知，構成未來生命經驗的基礎。

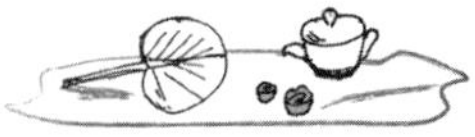

生命始終在積累，有些是自覺的，但更多是不自覺的，並在不知不覺中積累負面心行，形成不良生命紀錄。所以，理性選擇對生命發展起了重要的作用。

至於直覺，其中有深層和淺層之分。深層直覺是內在覺性的作用，是超越我們現有經驗的。而多數人包括大師所擁有的直覺，就像周老師說的，和天賦有關，也和生命積累有關，包括前生的積累。這些積累儲藏在生命系統中，會在條件具足時產生作用。

從佛法修行來說，直覺是可以訓練的，禪修就是開發內在的純淨直覺。比如開悟，就是直覺在產生作用，然後不斷地熟悉它，重複它，讓這種直覺成爲內心主導力量，時時刻刻產生作用。禪修的過程，就是不斷訓練和熟悉直覺的過程。

主：這個直覺的概念，在佛學中是覺知的意思？

濟：可以理解爲覺知，但覺知也有深淺不同的層次。覺知只是淺層的直覺，而覺性才是深層的直覺，透過覺知的訓練，可以抵達覺性。

問：聽說在色界天或更高的境界中，只有男相沒有女相。縱觀人類社會的發展，男性無論生理結構還是社會地位，確實比女性更有優勢。所以第一個問題，男性是比女性更高級的群體嗎？第二，女性存在的意義是什麼？是繁衍生命，還是在天地間達到陰陽平衡的力量？

濟：在印度文化中，男女地位確實有尊卑之分。佛教聲聞乘的戒律中，也對男女有不同要求，但這只是因爲兩者果報身不同，並不是高低之分。男眾可以出家、修行、證果，女眾也可以出家、修行、證果，尤其在大乘經典中，男女是完全平等的。從輪迴的眼光看，每個生命都是業力所感，性別只是緣起的顯現，並不是固定的。至於女性存在的意義，事實上，我們更應該探究的是——人存在的意義是什麼？這個問題對男女都一樣。

問：學佛要從理性思考入手，最後以直覺實證，對於沒有受過良好教育的民眾，他們如何學佛？我們能爲他們做些什麼？

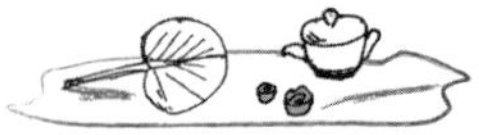

濟：學佛有不同定位，所以佛教中有人天乘、解脫道、菩薩道之分，每個人可以根據自身根機選擇相應的法門。另一方面，根機和所受教育沒有必然關係，有些人雖然受教育程度不高，但根機很利；也有些人受教育程度很高，但妄想、煩惱特別多，修起來反而障礙重重。六祖慧能也沒受過什麼教育，但聽到五祖開示《金剛經》，當下就見性了。當然這不是推崇教育不重要，而是提醒大家要善用理性。

人是萬物之靈，有理性，但一定要善加運用，才能成爲認識自己、提升生命的助緣。如果不好好運用，也會給我們帶來災難。今天這個世界人心如此動盪，亂象層出不窮，其實都和理性有關。所以我們要善用理性，以此止惡行善，而不是反其道而行。

主：今天非常殊勝，兩位大師從各個層面爲我們解疑釋惑。最後有請兩位就今天的主題做一個歸納總結。

周：運用好理性，開發好直覺，讓我們不要誤解這個世界。

濟：今天的人都在向外追逐，希望大家找回自己，進而自利利他，自覺覺他。這對我們的未來和社會非常重要。

主：如果用山來形容哲學和佛學，哲學是喜馬拉雅山，佛學就是須彌山，其實沒有高低之分，只有見地的不同。剛才法師說，佛教有八萬四千法門，不論從哪一個入口進去，尋找眞理的目標是一樣的。相信在座各位也是法喜充滿，再次感謝濟群法師的慈悲開示，感謝周教授的智慧解讀，也感謝所有來到現場一起分享的朋友。希望人生講壇可以繼續，也希望有緣和大家再次見面。

我们误解了
自己
清
凉

6

相遇在這個時代

——《我們誤解了這個世界》新書發表會

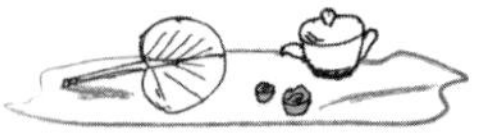

二〇一五年十二月十一日，濟群法師與周國平教授合著的《我們誤解了這個世界》新書發表會，在北京國家圖書館學津堂舉行，兩位作者與數百名讀者分享了本書的幕後花絮並交流心得。

主持人（以下簡稱主）：感謝現場這麼多熱情的讀者朋友們，今天活動的主題是濟群法師和周國平教授的新書發表會。兩位老師大家早已熟知，一位對佛學有深入研究，一位對西方哲學很有造詣。他們共同的特點，是在兢兢業業做學問的同時，不忘廣大民眾，關注當下生活，透過他們的著作及演講，成功指導了很多在人生路上迷茫的人們，其中也包括在座的朋友。今天我們非常榮幸地邀請到兩位，和他們一起探討寫作本書的感受、研究哲學和佛法的收穫，包括人生感悟。

書名的由來

主：之前已有媒體記者問過：爲什麼新書取名爲《我們誤解了這個世界》？

濟：企本書時，我們對書名非常重視，希望既能契合其中的內容，同時也有吸引力，可以打動人，爲此還在網路發起徵名活動，收到幾千個徵名。《我們誤解了這個世界》符合以上兩點，因爲哲學和佛法的共同目標，是引導大家認識自我和世界的眞相，否則就會因爲誤解帶來痛苦、煩惱甚至災難。這些對話的目的，是爲大家澄清——我們怎麼誤解了這個世界？如何消除誤解，建立正確認識？周老師從哲學的角度，我從佛法的角度，從生命永恆的困惑，到人們在現實中關注的焦點，一一展開交流。應該說，這個書名和對話內容很貼切。

周：我講點幕後故事。這本書開始的書名是《相遇在這個時代——哲學與佛學的對話》，大家都覺得平常，我也覺得一般。後來就在粉絲專頁上徵集書名，大家很踴躍，提出很多書名，其中也有很好的，但最後中選的並不是網友，而是簡體版責編陳曦提出的書名，我和濟群法師看到，覺得眼前一亮。

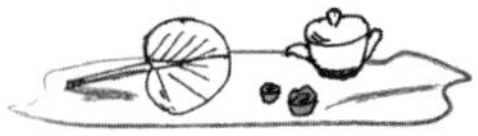

這個書名好在哪裡？第一，指明我們普遍處在誤解世界的狀態，自己還不知道；第二，指出哲學和佛法最重要的作用是消除誤解，正確地認識世界、認識人生；第三，可以讓大家想像，它到底是什麼意思？今天就有很多人問到這個問題。如果大家看到一個書名以後，想都不用想，這沒意思；看到以後會想「這是什麼意思啊？」，才是好書名！

我們能認識世界嗎

主：最終選擇這個書名，是爲了引申出書中的內容——錯誤的人生觀、世界觀、價值觀，包括教育內容，使我們對世界有了誤解。這也正是哲學和佛法引導人們解決的問題。從兩位的角度看，我們爲什麼誤解了這個世界？

濟：世界太博大、太深奧、太複雜了，所以認識世界很不容易。但人有理性，無法像動物那樣，純粹活在本能中，而會思考——世界的眞相是什麼？生命到底怎麼回事？如何擺脫人生的煩惱、痛苦和災難？正因爲這樣，才有了各種哲學和宗教。

既然是探討眞相，爲什麼不同的哲學和宗教會有大相徑庭的結論？難道眞相不是一個嗎？原因在於，哲學家會受限於理性，而理性是不能抵達終極眞理的；宗教師雖然有實際體證，也會受限於自身經驗，把某些似是而非的認知當作眞相，認識程度有對有錯，有深有淺。

世界究竟是怎麼回事？人有沒有能力認識眞相？事實上，人的思惟和經驗是有限的，建立在此基礎上的認識，不論多麼深入，都是局部的。如果不能突破局限，即使再努力，也不能認識無限的世界。那麼，人究竟有沒有無限的智慧？關於這一點，佛法告訴我們——心的本質就是世界的本質。世界是無限的，心也是無限的，一旦開發心的潛力，我們就能具有無限的智慧。所以說，能不能認識世界，是取決於自身的認識能力。

周：濟群法師說的非常重要，人是有這個能力的。我覺得，人的直覺、悟性非常重要。其實每個人都有這樣的直覺和悟性，但有些人的直覺特別好，比如釋迦牟尼佛，還有莊子、老子、蘇格拉底等，可以說，他們幾乎看到了世界眞相，然後把自己看到的說出來。一般人的直覺沒那麼好，但可以透過讀他們的書做爲彌補。其實釋迦牟尼佛沒寫過，只是說，蘇格拉底也是說；老子寫了五千言，莊子也寫了，但孔子不寫。我們爲什麼把這些人看成天才，看成人類的精神導師？因爲他們看到了世界的眞相，一般人是無法看到的。

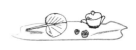

雖然我們的直覺沒那麼好，但也應該重視直覺，這是認識的起源。我們爲什麼誤解這個世界？很重要的原因是，沒有用自己的直覺看世界，而是用接受到的概念和理論，別人怎麼看，我們也怎麼看；或是被負面情緒壓住認識能力，使我們從情緒去認識世界。總之，沒有把健康的直覺放在最重要的位置，這往往是錯誤認識的根源。所以說，一定要重視直覺，而且要從有最偉大直覺的天才，如佛陀、大哲學家那裡得到啓示，幫助自己正確理解世界。

是直覺還是錯覺

主：您剛才說，我們要用直覺看世界，但現代社會的資訊量非常龐雜，而且每個人的教育程度和成長環境也不一樣，我們要根據什麼來判斷這個直覺到底對不對？

周：這個問題很犀利，我答不出。因為你的直覺已經受到汙染，已經不是直覺，而是接受的概念，只是把這個當作直覺。怎麼追溯原初、本眞的直覺？確實很難，因為沒有判斷的標準。現在有個辦法，聖人們的直覺非常正確，是人類幾千年來公認的，可以幫助你檢驗自己的直覺對不對。

我覺得，一個人要盡可能排除社會對自己的干擾。有些人很在乎別人的看法，很重視社會上流行的東西，那麼直覺一定會被汙染。我們要盡量少被汙染，透過讀大師的書，讀佛法的書，起碼可以形成概念，知道正確的直覺是什麼樣，這些最好的人看到的世界是什麼樣。有沒有這些概念很重

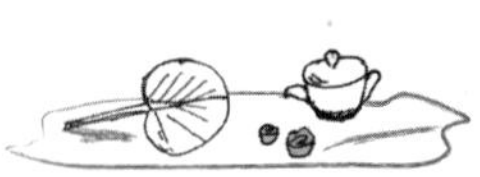

要，因爲這就是標準。

濟：認識有兩個層面，一是理性的層面，一是直覺的層面。這種純淨的直覺非常珍貴，因爲我們對世界的認識離不開認知模式，如果自身模式是混亂的，由此看到的一切必然是扭曲的。就像戴著有色的眼鏡，所見所知，皆是透過眼鏡加工的影像；而純淨的直覺，就是去除一切遮蔽，看到眞實而非被自我改造的世界。

剛才周老師說，透過接受聖賢的智慧文化，可以修正扭曲的直覺，建立健康、智慧的理性。西方哲學重視理性，其實佛法也同樣重視理性，佛法看重人的身分，就是因爲人有理性，可以透過思惟、簡別對心行做出選擇。但理性是雙刃劍，如果我們接受不良的文化，就會造成錯誤認識，不斷製造煩惱，甚至將自己導向毀滅。從學佛修行來說，首先要透過聞思樹立正見，然後藉由禪修將聞思正見落實到心行，獲得實際的體證，進而修正認知系統，擁有純淨的直覺，即佛法所說的「認識心的本來面目」。

相識，相知，相見歡

主：這是周老師和濟群法師的書深受大眾歡迎的重要原因。現代社會資訊量太大了，各種聲音隨時進入耳朵和大腦，讓我們忘記內心的聲音是什麼。剛才兩位說，當你找不到方向時，可以靜靜地學習古聖先賢，包括釋迦牟尼佛的智慧、西方優秀哲學家的思想，從中沉澱出指引未來道路的寶貴眞理。我感興趣的是，一位是西方哲學的研究者，一位是東方佛法的實踐者，看起來相距遙遠的兩個身分，是什麼機緣讓你們相識相遇，最終促成了這本書？

周：我在〈序〉中已經說了緣起。我和濟群法師十三年前開始有聯繫，但僅僅是通信，三年前見了面，覺得很投緣。我一直關注法師的社會活動，他做了很多事，是我最欣賞、最敬重的一位當代佛法導師。另一方面，我覺得自己和法師有很多共同之處，可以總結爲三點。

第一，濟群法師稱自己是自由主義者，我也是個自由主義者。法師是中國佛學院第一屆畢業生，此後主要在佛學院當老師，不當住持，不擔任行政職務。他說自己喜歡自由自在的生活，一旦有職務就不自由了。我也是一輩子與烏紗帽無緣，而且覺得，如果我當官一定很悲慘，所以絕不沾這些，願意保持自由思考的狀態。

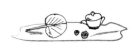

第二，我們都對理論感興趣。不少學佛人對理論是沒興趣的，濟群法師對理論有很深的研究，包括佛教中最艱深的唯識學。我也對理論感興趣，喜歡思考，喜歡追問到底爲什麼。

第三，我們都做了一些社會啓蒙的工作。濟群法師有很多弘法活動，也可以說是啓蒙吧。有次我做了比較大的講座，當時一位主管聽完後問：你知道你做的是什麼嗎？我說是和大家談心。他說不是，你做的是佈道。後來想想，其實有這個成分。弘法佈道就是對人生眞理進行啓蒙，這是我們共同做的事。佛教講因緣，我覺得，我和濟群法師做成這本書，開這個發表會，眞的應該說有因緣。

濟：我和周老師一見如故，每次見面和談話都興致盎然，不需要任何交流以外的客套。我們的談話很自由，有時在法源寺的走廊下，有時在周老師的工作室，有時隨便找個地方就談了。環繞一個話題，周老師從西方哲學的角度，我從佛法的角度，你來我往，暢所欲言。

我參加過一些對談，但能談得這麼默契而深入的不多，有時甚至各說各的，彼此沒有眞正的交集，這是我喜歡和周老師交流的重要原因。而且我們關心的是人類普遍存在的問題，透過交流，不僅對彼此有啓發，也能對社會大眾有啓發，這些互補作用是我們對話的前提和動力。

主：以後的對話中，還會有《我們誤解了這個世界》的更多版，很期待吧？我們要盡力促成這樣的對話。

周：我也喜歡和濟群法師對話，他有一點特別好，喜歡挑戰。很多高僧是不願被挑戰的，你要畢恭畢敬，一切都聽他的，濟群法師不一樣。我一方面出

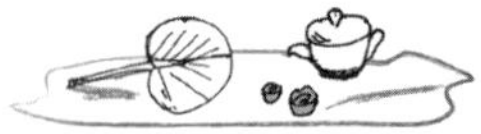

於無知者無畏，另一方面也喜歡追根究柢，所以老要問後面是什麼？往往故意站在對立面，就像辯論中的乙方，對甲方提出刁難，但我越刁難法師越高興。

如切如磋，彼此增上

主：我們在書中看到，周老師和濟群法師的對話像是辯論賽。按周老師自己說，他是充滿問題的一方，向法師提出各種挑戰。隨著討論的深入，我們發現周老師的觀點似乎有一點點改變，最後發現佛法和哲學有很多共通之處。在交談中，法師對西方哲學感興趣的是什麼？

濟：我對西方哲學的認識並不深，透過和周老師的對話，讓我看到哲學對這些問題的關注，進一步啓發我從佛法角度來思考。所以這些對話不僅增進了我對西方哲學的瞭解，也讓我更清楚地看到，佛法對這些問題是怎麼詮釋的，殊勝在哪裡。

如果沒有特定對境，有些問題你不一定會深入思考，或者說，不會從另外角度去看。周老師是高手，他的問題雖然有普遍性，但一般人的思考達不到這個深度及邏輯嚴謹程度。他一步步提出問題，促使我進一步思考，對我來說是學習的過程。

周：濟群法師應對得非常機敏，我覺得，這既是因爲對佛法有很深的研究，同時也喜歡思考的快樂，這點特別難得。

主：兩位在討論過程中，或多或少對對方的知識體系有所瞭解。身爲西方哲學的研究者，周老師比較認可大乘佛法中的哪些思想？

周：我很早就對佛法有興趣，但看得太少，這方面的知識很有限。透過和濟群法師的幾次對話，彌補了以前的一些不足。當然還不夠，因爲佛法博大精深，我現在可能還稱不上入門，只在門外往裡看了一眼，是這個狀態。爲什麼對佛法感興趣？我是研究西方哲學的，覺得佛法對我們有兩點最重要的啓發。因爲哲學無非是兩方面，一是認識世界，一是追問人生意義。

從認識世界來說，西方哲學從柏拉圖開始，兩千多年來一直在討論「世界的本質是什麼？」，提出了各種論斷。直到近代，康德發現這條路走錯了，因爲這個問題本身就錯了，是沒有答案的。康德證明，不管你怎麼回答，都不是世界本質。如果把世界分爲本質和現象的話，你永遠在現象界，到不了本質。因爲你對世界的所有認識，都是你的認識，都帶著人類認識世界的基本模式，所以它仍是現象世界，不可能到本質世界。尼采再進一步，到現象學就更徹底，說根本不存在本質世界，都是現象世界，在現象背後，無所謂本質。

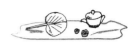

這樣一個觀點，簡單地說，即世界無自性，這正是佛法所說的——世界沒有不變的本質。釋迦牟尼佛在二千多年前已指出這一點，西方哲學近二百年才走到這一步，從這點來說，佛法是一種非常深刻的哲學。

從人生意義來說，佛法也非常深刻。人生無非兩個問題，一是生，一是死；生要覺醒，死要解脫。關於生的覺醒，如何開發自身覺性，認清生命眞相，解除錯誤觀念和負面情緒，佛法不僅有理論，還有一整套修行方法引導你達成目標。關於死的解脫，包括死亡是怎麼回事、人爲什麼怕死、怎麼看破生死、解除對死亡的恐懼，在所有宗教和哲學中，佛教可能是最深刻、最徹底的。我覺得，人生問題的最終解決應該在佛法中，我原來就有這個想法，透過和濟群法師的對話，更堅定了這個信念。

個性解放和自我解脫

主：西方哲學有個詞叫個性解放，近年來，中國社會也受此影響，導致意識形態的改變。佛法中類似的詞，是尋求自我解脫。那麼，個性解放和自我解脫的區別是什麼？

濟：我最近正在對佛教的人本思想和西方的人本思想加以比較，發現兩者出現的背景有相似之處。佛教出現前，印度的主流宗教是婆羅門教，強調婆羅門至上、祭祀萬能、吠陀天啓，屬於神本的信仰。而佛教重視理性，強調

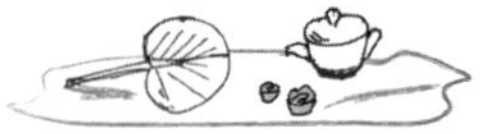

透過自身修行解脫，屬於人本的宗教，代表了反神教的思潮。而西方人本思想出自文藝復興時期，也是在反神教的思潮中出現的。

人本思想提出個性解放，宣導天賦人權，是要解除封建制度給人性造成的束縛，使人充分展現自己的個性和才華。這些思想推進了西方文明的進程，帶來文化、藝術、科學的極大繁榮，但在啓動良性潛能、帶來正向成果的同時，也刺激了人性中的負面力量，由此造成種種社會問題。

佛法所說的解脫，是立足於對心性的認識。佛法認爲心有兩個層面，有魔性也有佛性，有無明迷惑也有覺性光明。無明是凡夫的生命狀態，包括貪瞋癡等負面力量；覺性則是佛菩薩的生命狀態，也是眾生自我拯救的力量。很多人覺得佛教消極，因爲經中常說人生是苦，說四大皆空，說諸行無常等，屬於否定的表達。事實上，這些否定是爲了消除人們對自我和世界的誤解，解決由此引發的負面情緒。就像對霧霾，我們用肯定還是否定？解脫同樣如此。當我們解除迷惑煩惱，同時也在開顯生命內在的智慧和慈悲，所以解脫還有肯定的一面。

我覺得，個性解放和個人解脫在表達上有相通之處，都是立足於從改變認識到解決自身問題，過著幸福生活。但因爲對人性的認識不同，所以採用的方法不同，帶來的結果也不一樣。

周：這是濟群法師的新思想，把佛教在西元前六世紀從婆羅門教的整體環境中破土而出，看成人本主義的覺醒，和從天主教、基督教的一統天下時產生文藝復興思潮進行類比，我覺得挺有意思，以前沒看過這樣的說法。

個性解放和自我解脫，可能是很大的區別。西方哲學強調個性解放，包含的前提是——每個自我都很有價值，這輩子要活得精彩，把自我價值實現出來，成就個人的獨特和優秀，而不是像社會符號地活著。佛法強調的是無我——意識給了你一種假象，即自我的虛假性，要從這種迷惑中解脫出來。經過這麼多次對話以後，坦率地說，我還沒解決這個問題：佛教對自我的獨特、優秀是不是認可，用什麼方式認可？

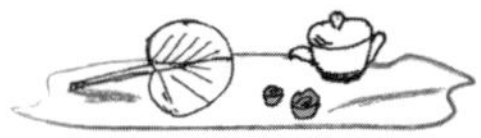

濟：書中有一章標題爲「自我與無我」，闡述了西方哲學和佛法的不同所在。西方哲學肯定自我價值，而佛法說的是無我。當然對很多人來說，接受自我比較容易，事實上，每個人最關注的就是自我，以自我爲中心活著，要展現自我的優秀。可是什麼代表自我？我是誰？是一個很大的問題。說到展現自我，我們會想到能力、品德等，一個人具有與眾不同的能力和品德，似乎就代表自我的優秀。這會帶來三種心理狀態：一是重要感，我要比別人重要；二是優越感，我要比別人優越；三是主宰欲，要以我爲中心，讓別人聽從於我。當一個人追求自我的重要感、優越感、主宰欲時，是非常辛苦的。

另一個問題是，自我本身是什麼？我們所認定的，無非是我的身分、地位、名字、相貌、思想等。事實上，這些只是假設的依託，和我們只是暫時而非永久的關係，是經不起審視的。做爲自我的存在，和你一定是永久的關係，佛教講無我，並不是說你不存在，而是否定對自我的錯誤認識，讓我們透過審視剝離這些依託。誤解世界也包括誤解自己，只有把誤解的成分一一去除，把不是的統統否定之後，才能找到眞正的自己。

周：自我的依託點是什麼？本質是什麼？在這一點上，我覺得佛教的無我應該是最能站得住腳的一種說法。當你去追問：自我有沒有永遠不變的內核？那確實不存在，可能就到了另一個問題。我覺得這是兩個層面，一個層面是實現自我，既然你來到這個世界，做爲獨一無二的個體生活了一輩子，應該活得有價值、有意義，成爲優秀的個體，但不能停留在這個層面。自我實際上是沒有內核的，沒有永久的本質，如果把它看得太重，哪怕成爲優秀的人，只要把這種優秀看得很重，最後也會落空，所以要超越這個層面。說空性也好，大我也好，總之要和它溝通，超越小我，進入這個層面。

現在的問題是，因爲自我是無自性的，本質上是無我，所以這個自我就沒有多大價值，不用努力，也不用優秀，反正最後都是空的，如果偏到這個方向，我覺得就有問題。這兩個層面都要強調。西方哲學更強調實現自我，當然再往上的話，基督教也強調超越自我。佛法是不是更強調超越自我？

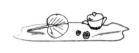

濟：佛法並不否定個體的價值，不否定個體的優秀和獨特，無我最重要的是消除對自己的誤解。做爲緣起的生命，確實有其獨立性、個體性，其存在來自積累，不是永恆不變的，而是可以被選擇的。我們的生命狀態，不僅有今生的因素，也是過去生的思想、行爲、經驗的積累；現在的所思所行，又會構成未來的生命方向。在此過程中，我們要看清自我由哪些因素構成，才懂得如何選擇。很多人陷入煩惱和負面情緒時，會把這些當作是「我」，爲其所困，不能自拔。佛法告訴我們，這些煩惱和負面情緒並不是「我」，恰恰是需要被消除的。同時還要發展內在的正向力量，讓它變得強大，成爲生命主導。所以說，佛法是幫助我們看清生命現實，懂得怎樣選擇、發展它，造就智慧、慈悲的品質。

發現問題才能解決問題

主：很多年輕人確實因爲執著於這個「我」，在生活工作中充滿困惑，過得不開心。每個人都在尋求「我」，我的價值在哪裡？我的意義是什麼？是種種問題的根源所在。我想請兩位分享一下，本書對於現代社會的意義是什麼？

濟：本書關注的內容包括——我是誰、生死、歸宿、生命意義等，每個生命都存在這些問題，而且有人已經意識到了。一旦有了問題，如果沒有智慧文化爲引導，很難經由自己的思考找到答案。因爲這是生命的終極問題，是古往今來聖哲們在追問和探尋的。只有解決這些問題，才能找到生命的出路、人生的意義。

對於沒想過的人來說，並不是沒有問題，只是沒有關注而已。我們生活中有很多煩惱、不安、躁動，究其根源，都來自生命永恆的困惑，如果找到

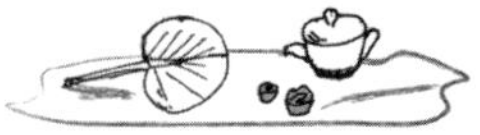

終極答案，現實的煩惱就會迎刃而解。所以本書呈現的問題並不局限於有哲學思考的小眾，對大眾亦會有所啓發。如果一個人本來很現實，只在意眼前得失，現在發現人生還有這麼多重要的問題需要關注，生命境界會隨之打開。

周：濟群法師經常講的一句話是：有問題給他「解決」問題，沒問題給他「製造」問題。有問題，說明你對生活是認眞的，對人生是認眞的。在這個時代，爲什麼很多人感到不幸福？爲什麼道德淪沒？最後可以發現，很多問題都在於沒有覺悟，對人生的基本道理沒想明白。他不幸福，並不是道德敗壞，也不是運氣不好，而是糊塗、愚昧，把什麼重要、什麼不重要顚倒了。

如何解決？就要把人生最重要的問題想明白。本書的實際核心是佛法，濟群法師是主角，我是配角，把他的話引出來，就像剛才我對他提出問題，擺出一副辯論的架勢。因爲從哲學上，有些問題實在說不清楚，包括自我和世界的本質是什麼，人有沒有自由等，兩派對立的觀點，誰都不讓誰，看起來都有道理。我覺得把這些問題提給法師，讓他從佛法的角度切入，可能會有一種新思路，豁然開朗的感覺。只要深入去想，那些本來覺得沒問題的人也會發現：原來人生還有這些問題。如果看了書以後，還覺得「這些都不是問題」的話，那恭喜你，你可能已經到了我們望塵莫及的段位，但我相信這樣的人太少了。

濟：也可以說這本書的主角是周老師。因爲有周老師提這些問題，他提什麼我說什麼，所以才有了這本書，不是我想說什麼就是什麼。

主：兩位把對話內容整理成書，讓我們這些對終極問題迷茫的人得到很多啓發，所以兩位都是主角。哲學和佛法的共同點是解決人們的困惑，哲學能解讀思想問題，而佛法最終能解決生死問題。本書是哲學和佛法結合的精華，也展示了對社會的普世價值。

現場問答

主：現在是互動時間，現場朋友在聽講過程中有什麼問題？

問：法師說，生活中那些可以代表自我的東西，包括身分、地位、身體等，其實是暫時的，不能眞正地代表我。那我想知道，什麼可以代表「我」？思想可以嗎？思想也是變化的。

濟：什麼代表眞正的「我」？別人無法給你答案。別人的答案對你來說不過是一種知識，只有參考作用。禪宗修行中，有個話頭是參「我是誰」，參「一念未生前本來面目」，都是追尋自我的方式。我們活在這個世界，也活在自己的念頭中，念念相續，不絕如縷。參話頭，是讓我們審視念頭生起的地方，當我們陷入念頭，就會活在心念中，那是一種假我，只是暫時和你有關；只有從念頭一路追尋，找到背後的源頭，找到念頭未生之處，那才是「我」的本來面目。我們要經常對自我加以審視，問一問「我是

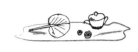

誰？」「什麼代表我？」，在不斷剝離假我的過程中，你會離自己越來越近。

問：每個人都有靈性的自我，也在尋找靈性的自我，但擺脫不了肉體對自己的限制。我就常常困惑，怎樣才能平衡肉體的自我，或者說魔性的部分？我偶爾也能察覺到一點靈性的部分，但平衡不了兩者的關係。

濟：平衡不了是正常的，如果平衡得了，就不是一般人了。生命中有很多負面力量，包括不良情緒、對肉體的執著等，這些和我們到底是什麼關係，如何減少它們的干擾？正是修行所做的。

修行無非是兩方面，一是看清自己要什麼，不要什麼。如果看不清，就會陷入種種執著，包括對身體、情緒、名利的執著，以爲這些是「我」的一部分，不斷支持它們，對此形成依賴，引發負面情緒。二是透過禪修培養內在的正向力量，否則即使看得清也沒用。因爲你的長期縱容已經使這些力量無比強大，牢牢地控制你，在這種情況下是很難擺脫的。

周：一個人學點哲學或佛法非常重要，只有超越假我，才能找到眞正的自我。我認爲，學哲學對我最大的好處，是在這個身體的我、社會活動的我之上，還有更高的、精神性的自我。我的體會就是，人類最高覺悟的化身，在你的身上生根，開始指導你。這個更高的自我可以透過不同途徑得到，比如哲學、佛教、基督教等，所有宗教和哲學告訴你，有一個更高的自我，要讓它覺醒。到那一天，你就有方向了，知道不要太看重物質性的自我，不要太看重它的遭遇。我覺得，這就是找到自我。

濟：從佛法角度說，每個人內心都坐著一尊佛，但現在睡著了，所以很多妖魔在作亂。在修行過程中，我們要看清它們的把戲，不聽它，不隨它轉，同時喚醒內心的佛。當這尊佛眞正醒來，妖魔就消失了。

主：兩位嘉賓都說到，看清自我非常艱難，需要深入的自我剖析和努力實踐。有一點可以肯定，所有願意來到現場聽講的朋友們，想要覺醒的種子已經萌芽。如果我們回去認眞看這本書，相信大部分困惑都能得到解答。

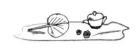

問：最近看到一些佛教界的負面新聞，包括大陸和香港的，如何看待這些現象？

濟：在這個浮躁的時代，各行各業都有僞劣假冒，宗教界也不例外。因爲民眾有信仰的需求，社會有信仰的市場，自然有人打著佛教的旗號牟利，做種種不如法的事。另一方面，媒體又喜歡炒作吸引目光的八卦，某些現象就容易被誇大甚至歪曲。基於這兩點，近年來眞眞假假的負面新聞較多，我也對此感到很遺憾。今天的社會如此浮躁，人們的心理問題越來越多，如何重建國人的精神追求，引導他們平息內心躁動，建設健康心態？佛教文化承擔著舉足輕重的作用。

佛教傳入中國二千多年來，從普通民眾的精神歸宿到知識分子的修身養性，一直承擔著重要作用。當今教界也有很多正能量，值得我們去宣揚，去推動。如果大眾對佛教有正向看法，是社會之福。反之，當我們有心理問題需要解決時，卻沒有健康的信仰、智慧的文化可依止，如何解除迷惑，平息躁動？從這個角度說，任何損害佛教的行爲也是對社會的損害，它使很多人的精神追求得不到智慧的指引。

問：人性有善有惡，如果我在某種狀態下產生了惡念，那和佛法所說的「活在當下」和「正念」會不會矛盾？

濟：「活在當下」並不是說，你當下有惡念就

去做壞事。事實上，「活在當下」正是引導我們培養正念。正念有兩個層次，一是相對的正念，是在正見指導下的思考和行爲；二是超越時空的正念，即對空性的體認。一旦開啓內在的觀照力，我們就能對念頭保持覺知，知道內心產生了哪些情緒、哪些想法，不會糊裡糊塗地跟著走，更不會陷入其中。

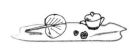

問：對於普通人來說，還是要入世生活。我有個疑問，如果法師來做佛教協會會長，或者周老師戴上頂烏紗帽，是不是更能以正視聽，造福社會呢？

周：這是柏拉圖的理想，認爲哲學家當了國王，世界就有救了。據我所知，柏拉圖碰得頭破血流。首先，他的理想實現不了。然後他想把國王培養成哲學家，所以到敘拉古去教導那裡的統治者哲學。最後那個年輕國王說：我知道什麼是哲學了，就是無聊擾人、對無知青年的談話。於是把他趕走了。他後來又去了一次，原國王的兒子把他賣到了奴隸市場，很悲慘。社會需要有哲學家，需要高僧大德，也需要有開明的統治者，但兩者很難合二爲一。因爲人性是有弱點的，而權力是會腐蝕人的，哲學家能不能經受這個考驗？還不如不去接受考驗，保持思考的狀態，我覺得更好一些。

濟：我覺得，每個人可以根據自己的能力來貢獻社會，不一定要從政或以什麼身分來做。當然，如果對人生有高度的認識，對社會有一份責任感，又擅長管理，願意爲大眾付出，特別値得隨喜。佛教中，菩薩就要有這種擔當，就像地藏菩薩說的「我不入地獄，誰入地獄」。這是非常了不起的承擔，但不是每個人都要用這種方式，也不是每個人都有能力承擔。社會有不同需求，關鍵是要有自利利他的心，然後各安其位，各司其職。

主：現場這麼多朋友，還有很多沒來現場的朋友，都很喜歡周老師和濟群法師的作品。我們非常幸運，接觸到佛法與哲學結合而成的這本書。相信它在幫助我們解決問題的同時，亦能指引我們走向解脫和覺醒。

濟群法師著作系列

修學引導叢書

《探索》
《走近佛陀》
《道次第之道》
《菩提大道——《菩提道次第略論》講記》
《菩提心與普賢行願》
《尋找心的本來》
《你也可以做菩薩——《入菩薩行論》講記》
《學著做菩薩——《瑜伽菩薩戒品》講記》
《真理與謬論——《辯中邊論》解讀》
《認識與存在——《唯識三十論》解讀》
《超越「二」的智慧——《心經》《金剛經》解讀》
《開啟內在智慧的鑰匙——《六祖壇經》解讀》

智慧人生叢書

《你也可以這樣活著》
《心，才是幸福的關鍵》

《我們誤解了這個世界》
《我們誤解了自己》
《經營企業與經營人生》
《造就美好的自己》
《走出生命的迷霧》
《禪語心燈》
《怎麼過好這生活》
《有疑惑，才能開悟》

以戒為師叢書

《認識戒律》
《戒律與佛教命脈——標宗顯德篇解讀》
《僧伽禮儀及塔像製造——僧像致敬篇解讀》
《出家剃度及沙彌生活——沙彌別行篇解讀》
《比丘資格的取得——受戒緣集篇解讀》
《僧伽的教育問題——師資相攝篇解讀》
《僧伽的自新大會——說戒正儀篇解讀》
《僧團的管理制度——僧網大綱篇解讀》
《僧伽的定期潛修——安居策修篇解讀》
《僧格的年檢——自恣宗要篇解讀》
《戒律與僧伽生活》

金翅鳥系列　JZ02

我們誤解了自己

作　　者／濟群法師．周國平
責 任 編 輯／胡琡珮、陳芊卉
業　　務／顏宏紋

總　編　輯／張嘉芳
出　　版／橡樹林文化
城邦文化事業股份有限公司
104 台北市民生東路二段 141 號 5 樓
電話：(02)2500-7696 #2738　傳眞：(02)2500-1951
發　　行／英屬蓋曼群島商家庭傳媒股份有限公司城邦分公司
104 台北市中山區民生東路二段 141 號 5 樓
客服服務專線：(02)25007718；25001991
24 小時傳眞專線：(02)25001990；25001991
服務時間：週一至週五上午 09:30 ～ 12:00；下午 13:30 ～ 17:00
劃撥帳號：19863813　戶名：書虫股份有限公司
讀者服務信箱：service@readingclub.com.tw
香港發行所／城邦（香港）出版集團有限公司
香港灣仔駱克道 193 號東超商業中心 1 樓
電話：(852)25086231　傳眞：(852)25789337
Email：hkcite@biznetvigator.com
馬新發行所／城邦（馬新）出版集團【Cité (M) Sdn.Bhd. (458372 U)】
41, Jalan Radin Anum, Bandar Baru Sri Petaling,
57000 Kuala Lumpur, Malaysia.
Tel:(603)90563833　Fax:(603)90576622
Email:services@cite.my

內　文／歐陽碧智
封　面／夏魚
印　刷／中原造像股份有限公司

初版一刷／ 2023 年 11 月
ISBN ／ 978-626-7219-59-1
定價／ 380 元

城邦讀書花園
www.cite.com.tw

版權所有．翻印必究（Printed in Taiwan）
缺頁或破損請寄回更換

國家圖書館出版品預行編目（CIP）資料

我們誤解了自己／濟群法師，周國平著．-- 初版．-- 臺北市：橡樹林文化，城邦文化事業股份有限公司出版：英屬蓋曼群島商家庭傳媒股份有限公司城邦分公司發行，2023.11
面：　公分．--（金翅鳥系列；JZ02）
ISBN 978-626-7219-59-1（平裝）

1. CST: 佛教哲學　2.CST: 生命論

220.11　　112013929

廣　告　回　函
北區郵政管理局登記證
北 台 字 第 10158 號

郵資已付　免貼郵票

104 台北市中山區民生東路二段 141 號 5 樓

城邦文化事業股份有限公司

橡樹林出版事業部　收

請沿虛線剪下對折裝訂寄回，謝謝！

|橡|樹|林|

書名：我們誤解了自己　書號：JZ02

橡樹林文化

讀者回函卡

感謝您對橡樹林出版社之支持，請將您的建議提供給我們參考與改進；請別忘了給我們一些鼓勵，我們會更加努力，出版好書與您結緣。

姓名：＿＿＿＿＿＿＿＿＿＿＿＿ □女 □男 生日：西元＿＿＿＿＿＿年

Email：＿＿＿＿＿＿＿＿＿＿＿＿＿＿＿＿＿＿＿＿＿＿＿＿

● 您從何處知道此書？

□書店 □書訊 □書評 □報紙 □廣播 □網路 □廣告 DM □親友介紹

□橡樹林電子報 □其他＿＿＿＿＿＿＿

● 您以何種方式購買本書？

□誠品書店 □誠品網路書店 □金石堂書店 □金石堂網路書店

□博客來網路書店 □其他＿＿＿＿＿＿＿

● 您希望我們未來出版哪一種主題的書？（可複選）

□佛法生活應用 □教理 □實修法門介紹 □大師開示 □大師傳紀

□佛教圖解百科 □其他＿＿＿＿＿＿＿

● 您對本書的建議：

＿＿＿＿＿＿＿＿＿＿＿＿＿＿＿＿＿＿＿＿＿＿＿＿＿＿＿＿

＿＿＿＿＿＿＿＿＿＿＿＿＿＿＿＿＿＿＿＿＿＿＿＿＿＿＿＿

＿＿＿＿＿＿＿＿＿＿＿＿＿＿＿＿＿＿＿＿＿＿＿＿＿＿＿＿

＿＿＿＿＿＿＿＿＿＿＿＿＿＿＿＿＿＿＿＿＿＿＿＿＿＿＿＿

＿＿＿＿＿＿＿＿＿＿＿＿＿＿＿＿＿＿＿＿＿＿＿＿＿＿＿＿

非常感謝您提供基本資料，基於行銷及客戶管理或其他合於營業登記項目或章程所定業務需要之目的，家庭傳媒集團（即英屬蓋曼群商家庭傳媒股分有限公司城邦分公司、城邦文化事業股分有限公司、書虫股分有限公司、墨刻出版股分有限公司、城邦原創股分有限公司）於本集團之營運期間及地區內，將不定期以MAIL訊息發送方式，利用您的個人資料於提供讀者產品相關之消費與活動訊息，如您有依照個資法第三條或其他需服務之務，得致電本公司客服。

我已經完全瞭解左述內容，並同意本人資料依上述範圍內使用。

＿＿＿＿＿＿＿＿＿＿＿＿（簽名）

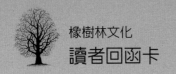